新一代 电力交易平台（省间）设计丛书

业务模型设计
市场服务分册

北京电力交易中心有限公司 组编

中国电力出版社
CHINA ELECTRIC POWER PRESS

内 容 提 要

当前我国电力体制改革不断深入，电力市场建设取得显著成效，电力交易市场体系已经成为我国现代市场体系的重要组成部分。《新一代电力交易平台（省间）设计丛书》共分 10 个分册，涵盖市场服务业务模型、市场出清业务模型、市场结算业务模型、市场合规业务模型、技术支撑业务模型以及市场服务需求规格、市场出清需求规格、市场结算需求规格、市场合规需求规格、技术支撑需求规格，深入浅出地讲解了省间电力交易各业务的业务流程、业务活动和业务信息等内容。

本分册为《新一代电力交易平台（省间）设计丛书　业务模型设计　市场服务分册》，共 12 章，主要对市场主体注册、市场成员管理、市场运营分析、零售市场管理、综合管理、电网模型管理六大业务类，进行流程、关联、工作内容及工作要求的梳理总结，形成业务规范，以便指导相关业务有序开展。

本套丛书既可作为电网企业、发电企业、售电公司等市场主体从业人员系统学习省间电力市场的专业书籍，也可作为咨询人员、工程技术人员和高等院校师生的参考用书。

图书在版编目（CIP）数据

业务模型设计. 市场服务分册/北京电力交易中心有限公司组编. —北京：中国电力出版社，2021.12
（新一代电力交易平台（省间）设计丛书）
ISBN 978-7-5198-6188-9

Ⅰ.①业…　Ⅱ.①北…　Ⅲ.①电力市场－市场交易－管理信息系统－系统设计－中国　Ⅳ.①F426.615

中国版本图书馆 CIP 数据核字（2021）第 235023 号

出版发行：中国电力出版社
地　　址：北京市东城区北京站西街 19 号（邮政编码 100005）
网　　址：http://www.cepp.sgcc.com.cn
责任编辑：匡　野
责任校对：黄　蓓　郝军燕
装帧设计：张俊霞
责任印制：石　雷

印　　刷：三河市万龙印装有限公司
版　　次：2021 年 12 月第一版
印　　次：2021 年 12 月北京第一次印刷
开　　本：787 毫米×1092 毫米　16 开本
印　　张：5.75
字　　数：114 千字
印　　数：0001—3000 册
定　　价：46.00 元

丛书编委会

主　任　史连军　谢　开

副主任　常　青　曹瑛辉　李增彬　张　显

成　员　庞　博　李　竹　刘　硕　周　琳　汤洪海

　　　　　白江红　王　琪　何显祥　刘永辉

本分册编写组

组　长　庞　博

成　员　李　竹　张　显　张圣楠　刘永辉　陈庆祺

　　　　　嵇士杰　宋　莉　纪　鹏　孙　田　赵　静

　　　　　梁赫霄　任晓辉　韩　松　洪元瑞　刘瑞丰

　　　　　余　涛　钟　茜　马　勇　张文哲　乔　宁

　　　　　王海超　杨首晖　谢忠华　李文涛　蒋　宇

序

在《中共中央国务院关于进一步深化电力体制改革的若干意见》（中发〔2015〕9号）文件指引下，具有中国特色的全国统一电力市场建设持续推进，取得显著成效。当前，我国已明确提出实现"碳达峰、碳中和"目标，能源清洁低碳转型迫在眉睫。随着新能源大规模接入，电力系统将加快向清洁化、低碳化方向发展，以新能源为主的新型电力系统建设将深刻改变现有电力系统的基本形态和运行特征。同时，全面放开燃煤发电上网电价、推动工商业用户进入市场等最新改革要求，也对电力市场发挥促消纳、保供应、提效率的作用提出新的更高要求。新时期的电力市场建设需要进一步健全市场交易机制，加快构建交易技术支撑体系，以满足我国经济社会高质量发展和能源电力清洁低碳转型需要。

在新发展理念引领和能源互联网技术创新的推动下，能源革命与数字革命融合发展，电力市场进入曲线化交易和数字化运营新时代。北京电力交易中心聚焦中长期与现货市场协同运营、计及ATC的省间交易优化出清、高性能柔性结算等重点领域，攻克了诸多关键技术难题，取得了一系列具有自主知识产权的科技创新成果，建成"业务运作实时化、市场出清精益化、交易规则配置化、市场结算高效化、基础服务共享化、数据模型标准化"的新一代电力交易平台，为实现能源互联网价值创造与共享、支撑新能源跨越式发展以及促进能源资源大范围优化配置提供了坚强的技术保障。

为推动我国电力市场发展，总结和传播电力市场运营成果，北京电力交易中心组织编写了《新一代电力交易平台（省间）设计丛书》，包括业务模型设计和需求规格设计。这套丛书充分考虑了当前省间电力交易组织的现状，全面、系统地梳理了电力交易业务，是国内首套集中归纳和总结省间电力交易业务的专业技术丛书。丛书内容详实、结构清晰，对推动我国电力市场发展、促进电力交易业务创新具有重要的参考价值与现实意义，广泛适用于电网企业、发电企业、售电公司及广大电力用户等市场主体从业人员深入了解省间电力交易的各个业务环节，亦可供政府相关部门、科研机构、咨询机构、技术研发单位的相关从业人员阅读与参考。

展望未来，我国电力市场发展前景广阔、潜力巨大，在建设具有中国特色全国统一电力市场的征途上，需要凝聚各方智慧，发挥集体协同作用。在此，隆重向大家推荐《新一代电力交易平台（省间）设计丛书》，愿广大朋友读有所思、思有所得。

王锡凡

中国科学院院士

2021 年 11 月 30 日

前 言

当前，能源领域正在经历深刻变革，能源结构向清洁化、低碳化、电气化、数字化发展的趋势日益明确。我国已作出 2030 年前碳达峰、2060 年前碳中和的庄严承诺，2030 年新能源装机容量预计将达到 12 亿千瓦以上。在世界能源加速向清洁、低碳方向转型的过程中，中国已经成为全球能源清洁转型的引领者。

自《中共中央国务院关于进一步深化电力体制改革的若干意见》（中发〔2015〕9 号）印发以来，我国电力体制改革不断深入，电力市场建设取得显著成效，电力市场体系已经成为我国现代市场体系的重要组成部分。随着电力市场高速发展，市场参与者从发用电主体发展到了发输配售用全环节、多类型市场主体；运营模式从中长期电力交易向中长期与现货协同运营转变；电力交易业务由探索试点向稳定规范运行过渡。我国已经发展形成全世界交易规模最大、覆盖范围最广、结构体系最复杂的电力市场。

根据国家电力体制改革有关要求，北京电力交易中心于 2016 年 3 月 1 日正式挂牌成立。作为国家级电力交易机构，北京电力交易中心肩负着省间电力市场建设和运营的重要任务，负责落实国家计划、地方政府性协议，组织开展省间电力交易，逐步推进全国范围的市场融合。同时，北京电力交易中心负责提出电力市场有关技术和管理标准，配合政府编制市场运营规则，对 27 家省级交易机构进行业务指导。自成立以来，已经建设投运了覆盖国家电网经营区的电力交易平台，支撑年度省间交易电量超过 1 万亿千瓦时，截至 2020 年底交易平台注册有发电企业、售电公司、电力用户等市场成员超过 28 万家。

随着"双碳"目标的提出，新型电力系统建设的推进以及市场放开节奏的进一步加快，电力交易平台作为电力市场运营的支撑平台面临新的巨大的挑战。北京电力交易中心在电力市场建设、电力交易运营、技术支持平台建设等方面开展了大量理论研究与工程实践，形成了一系列技术标准、管理标准和科研成果，相关成果多次获得中国电力科学技术进步奖、国家电网公司科学技术进步奖等奖励，主持建设的新一代电力交易平台也成为全球交易量最大的、首个基于云架构的大型电力市场技术支撑系统。

为总结新一代电力交易平台建设成果，北京电力交易中心组织编写了《新一代电力交易平台（省间）设计丛书》。丛书包括市场服务业务模型、市场出清业务模型、市场结算业务模型、市场合规业务模型、技术支撑业务模型以及市场服务需求规格、市场出清需求规格、市场结算需求规格、市场合规需求规格、技术支撑需求规格共十个分册，深入浅出地讲解了省间电力交易各业务的业务流程、业务活动和业务信息等内容。本套丛书既可作为电网企业、发电企业、售电公司等市场主体从业人员系统学习省间电力市场的专业书籍，也可作为咨询人员、工程技术人员和高等院校师生的参考用书。

本分册是《新一代电力交易平台（省间）设计丛书　业务模型设计　市场服务分册》。第 1 章介绍市场服务业务的整体情况。第 2 章对本分册中提到的名词术语进行说明。第 3 章列举支撑市场服务业务相关的管理规定。第 4 章介绍市场服务业务的总体结构。第 5 章介绍市场服务业务所包含的业务类、业务项及业务子项，涵盖市场主体注册、市场成员管理、市场运营分析、零售市场管理、综合管理、电网模型管理六大业务类。第 6 章介绍市场主体注册业务类，包括各类市场主体在交易机构的登记注册。第 7 章介绍市场成员管理业务类，包括对各类已注册市场主体的资质、档案信息进行综合管理。第 8 章介绍市场运营分析业务类，包括交易机构对市场运营情况的分析及报告生成。第 9 章介绍零售市场管理业务类，包括零售市场中绑定关系及对绑定关系的评价管理。第 10 章介绍综合管理业务类，包括交易机构为各类市场主体提供培训、咨询等综合服务业务。第 11 章介绍电网模型管理业务类，包括对断面或联络线、线路、区域、关口等电网模型基础参数的管理。第 12 章附录介绍本分册所包含的数据类。

在本分册编写过程中，南瑞集团高春成、方印、史述红、万舒路、张倩、亢楠、张亚丽对编辑工作给予了大力支持。南瑞集团王清波对全书进行了审阅，提出了修改意见和完善建议。在此一并深表谢意！

本套丛书凝聚了电力市场专家团队、电力交易平台建设队伍近二十年的工作成果和实战经验，并以此为基础进行归纳总结，编写完成本套丛书，希望其能为读者带来思考和启迪。

由于编者水平有限，书中疏漏之处在所难免，恳请各位专家和读者不吝赐教，给予批评指正。

编　者

2021 年 10 月

目 录

1 综　　述

市场服务主要对参与电力市场的各类市场主体进行规范、有序的统一管理，保障电力市场的稳定运行。电力交易机构主要依据《中共中央国务院关于进一步深化电力体制改革的若干意见》(中发〔2015〕9 号)、《电力体制改革配套文件》(发改经体〔2015〕2752 号)、《售电公司准入与退出管理办法》等国家相关法律法规，进行市场成员从准入到退出的全生命周期管理。

本文主要对市场主体注册、市场成员管理、市场运营分析、零售市场管理、综合管理、电网模型管理六大业务类，进行流程、关联、工作内容及工作要求的梳理总结，形成业务规范，以便指导相关业务有序开展。

市场主体注册主要实现发电企业、售电公司市场主体的入市注册管理，为后续交易、结算等业务提供基础数据。

市场成员管理指在各类市场主体完成市场主体注册后，对其参与市场的各类资质、档案等基础信息进行管理，并为各类市场主体提供信息查询、培训、咨询等综合服务，实现市场主体的多维度管理。

市场运营分析主要实现交易机构对市场运营情况的综合分析，通过指标、模型的定义配置，实现市场运营情况的多维度分析及报告生成。

零售市场管理主要实现零售市场中绑定关系以及对售电公司的评价结果查询，保障零售市场合规、有序运营。

综合管理指市场主体模板、参数、档案的管理维护及综合统计展示，为交易机构提供更加便捷的市场成员管理支持。

电网模型管理指电力市场涉及的断面、联络线、线路、控制区域、关口等电网模型相关基础参数信息进行管理，为后续交易业务开展提供数据支撑。

2 名 词 术 语

相关名词术语见表2-1。

表 2-1
名 词 术 语 表

序号	名称	定 义	同义词
1	市场主体	市场主体指电力市场上从事交易活动的组织和个人，包括自然人、企业法人，也包括具备独立核算资格的企业法人的分支机构。本文档中所列市场主体包括：电网企业、发电企业（含分布式发电企业（个人））、电力用户、售电公司、独立辅助服务提供商五类	—
2	市场成员	电力市场中各方主体，包括市场主体、调度机构、交易机构	—
3	发电集团	发电企业的集团公司，由母公司、子公司、分公司、参股公司及其他成员共同组成的发电企业法人联合体。本文档中所列多股东发电企业，根据其最大股东方划分其所属发电集团	—
4	发电企业	拥有唯一社会信用代码的发电企业，具备独立核算资格，可以是分公司也可以是子公司	—
5	直购电厂	直接与省级交易机构进行交易结算的发电企业	—
6	非直购电厂	与地市级电力公司进行交易结算的发电企业	—
7	分布式发电项目	分布式发电项目是指参与分布式发电市场化交易的接入配电网运行、发电量就近消纳的中小型发电设施。分布式发电项目应满足以下要求：接网电压等级在35千伏及以下，单体容量不超过20兆瓦（有自身电力消费的，扣除当年用电最大负荷后不超过20兆瓦）。单体项目容量超过20兆瓦但不高于50兆瓦，接网电压等级不超过110千伏且在该电压等级范围内就近消纳	—
8	机组	指将其他形式的能源转换成电能的单套机械设备，包括火电机组、水电机组、核电机组、储能机组等	—
9	机组群	机组群指多台同类型机组的组合。当多个同类型机组在调度、计量时不可拆分，且批复上网电价、电价补贴相同时，可以按照机组群的形式进行注册。主要适用于风电、太阳能发电、储能发电等按照建设项目将多个风电杆塔、太阳能机组（机组群）或储能发电模块合并注册的情况，其他特殊情况参照执行	—
10	用户计量点	指电力用户能够参与交易的最小颗粒度，与营销计量点保持一致	—
11	权益占比	如机组属于不同的投资主体，则根据机组所有者的共同约定，设定权益占比，将机组收益按其权益占比进行分配	—
12	售电公司	售电公司是指在准许经营的区域内向电力用户销售电力的售电企业。按照是否拥有配电网划分，售电公司分为独立售电公司和配售电公司两类	—

序号	名称	定　义	同义词
13	配售电公司	配售电公司指拥有配网运营权的售电公司，包括微网售电公司、地方电网售电公司、增量配网售电公司	—
14	微网售电公司	拥有微网的售电公司，其微网内部需要按照规定进行自平衡	—
15	地方电网售电公司	拥有地方电网的售电公司	—
16	增量配网售电公司	拥有增量配电网的售电公司，其增量配电网内部无电源企业	—
17	电力用户	指电能的使用者，包括自然人和法人	—
18	直接交易用户	选择在批发市场直接参加交易的电力用户	—
19	零售电力用户	通过售电公司进行购电的电力用户	—
20	义务主体	承担配额义务的市场主体，包括：直接向电力用户供电的电网企业、独立售电公司、拥有配电网运营权的售电公司（配售电公司）、通过电力批发市场购电的电力用户（直接交易用户）和拥有自备电厂的企业	—
21	配额指标	指能源主管部门每年下达的各省级行政区域及义务主体的当年可再生能源电力消纳配额指标。包括总量配额指标和非水电配额指标两类	—
22	消纳证	指电力交易机构根据其实际消纳可再生能源电力核算发布的可再生能源电力消纳证，1 兆瓦时等于 1 消纳证	可再生能源电力消纳证
23	绿证	指能源主管部门根据可再生能源电力生产者的实际发电量核算发布的绿色证书，1 绿证等于 1 兆瓦时	可再生能源电力绿色证书
24	停牌	指当市场主体内部发生重大事项、注册信息发生重大变更或信用评价不合格等，不宜参加市场交易时，按照相关规定由交易机构或市场主体自主发起的停止市场主体参与交易的行为	—
25	复牌	指市场主体在停牌以后，满足恢复参与交易条件下，按照相关规定由交易机构或市场主体自主发起的恢复参与市场交易的行为	—

3 管理规定

《中共中央国务院关于进一步深化电力体制改革的若干意见》（中发〔2015〕9 号）

《全国统一电力市场深化设计方案》

《电力体制改革配套文件》（发改经体〔2015〕2752 号）

《售电公司准入与退出管理办法》

《北京电力交易市场主体注册管理办法》

4 市场服务总体结构

市场服务总体结构见图 4-1。

		信息变更
		机组变更
	发电企业注册	机组注册
	发电企业变更	机组转让
	发电企业注销	
市场主体注册	售电公司注册	
	售电公司变更	
	售电公司注销	

市场资质管理：备案报告管理、停复牌管理、交易规模管理、黑名单管理

发电集团信息查询：发电企业与所属集团查询、集团交易信息查询

市场主体公开信息查询：交易机构统一发布公开信息、市场主体自主发布信息

市场综合服务：即时信息交互、服务质量管理、电力交易知识库、个性化定制服务、市场主体培训、用户中心

市场主体运营指标分析

市场成员管理

图 4-1　市场服务总体结构图（一）

```
                                                    ┌─ 运营指标查询
                                  ┌─ 运营指标管理 ──┼─ 运营指标需求提报
                                  │                 └─ 运营分析指标库
                                  │                    交易电量分析子模板
                                  │                    交易价格分析子模块
                                  │                    发售主体分析子模板
                                  │                    注册情况分析子模块
                                  │                    省内发电权交易分析子模板
市场运营分析 ─────────────────────┼─ 运营报告模板管理 ─ 省内售电市场交易分析子模块
                                  │                    清洁能源消纳分析子模板
                                  │                    降低用电成本分析子模块
                                  │                    HHI指数❶分析子模板
                                  │                    省内电力指数分析子模块
                                  │                    电力供需形势分析子模板
                                  └─ 运营报告生成        省内规则方案基本要点子模块
```

```
零售市场管理 ──┬─ 售电公司绑定情况查询
               └─ 售电公司评价情况查询

               ┌─ 模板配置
               ├─ 参数配置
综合管理 ──────┼─ 发电集团信息管理         ┌─ 全生命周期日志记录
               ├─ 市场主体档案管理 ───────┼─ 变更记录管理
               └─ 综合统计展示            └─ 档案管理
                                          ┌─ 业务受理情况统计监视
可再生能源配额 ┬─ 配额指标管理            ├─ 市场信息综合统计展示
管理           └─ 配额实施管理            └─ 公共情况汇总统计

               ┌─ 断面管理
               ├─ 联络线管理
电网模型管理 ──┼─ 线路管理
               ├─ 联络线关口管理
               ├─ 控制区域管理
               └─ 模型图形化管理
```

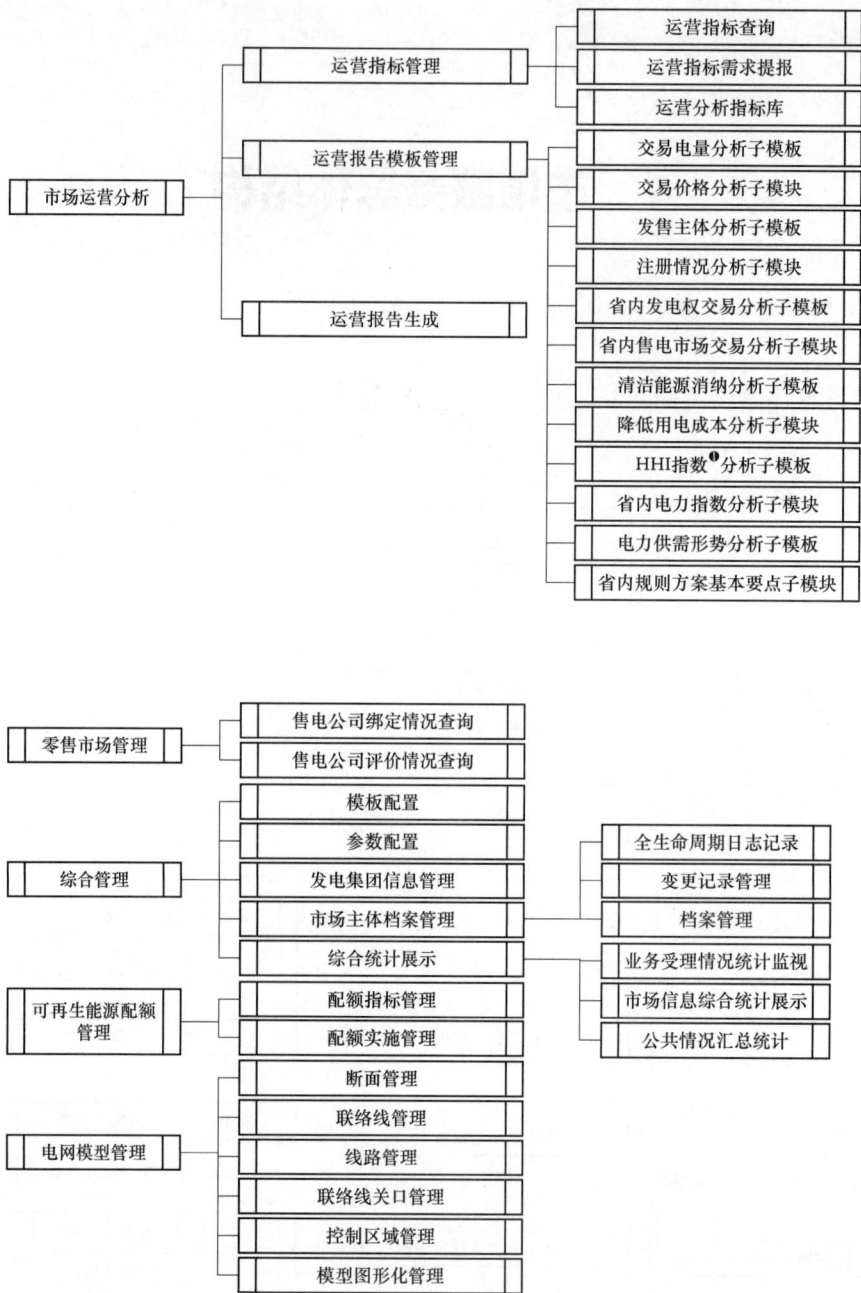

图 4-2　市场服务总体结构图（二）

---

❶　赫芬达尔—赫希曼指数，Herfindahl-Hirschman Index，简称 HHI。

5 市场服务业务项及子项

市场服务业务项及子项见表5-1。

表 5-1　　　　　　　　　　市场服务业务项及子项一览表

序号	业务类	业务项	业务子项
1	市场主体注册	发电企业注册	—
2		发电企业变更	信息变更
3			机组注册
4			机组变更
5			机组转让
6		发电企业注销	—
7		售电公司注册	—
8		售电公司变更	—
9		售电公司注销	—
10	市场成员管理	市场资质管理	备案报告管理
11			停复牌管理
12			交易规模管理
13			黑名单管理
14		发电集团信息查询	发电企业与所属集团查询
15			集团交易信息查询
16		市场主体公开信息查询	交易机构统一发布公开信息
17			市场主体自主发布信息
18		市场综合服务	即时信息交互
19			服务质量管理
20			电力交易知识库
21			个性化定制服务
22			市场主体培训
23			用户中心

序号	业务类	业务项	业务子项
24	市场运营分析	市场主体运营指标分析	—
25		运营指标管理	运营指标查询
26			运营指标需求提报
27			运营分析指标库
28		运营报告模板管理	交易电量分析子模板
29			交易价格分析子模板
30			发售主体分析子模板
31			注册情况分析子模板
32			省内发电权交易分析子模板
33			省内售电市场交易分析子模板
34			清洁能源消纳分析子模板
35			降低用电成本分析子模板
36			HHI 指数分析子模板
37			省内电力指数分析子模板
38			电力供需形势分析子模板
39			省内规则方案基本要点子模板
40		运营报告生成	—
41	零售市场管理	售电公司评价情况查询	—
42		售电公司绑定情况查询	—
43	综合管理	模板配置	—
44		参数配置	—
45		发电集团信息管理	—
46		市场主体档案管理	全生命周期日志记录
47			变更记录管理
48			档案管理
49		综合统计展示	业务受理情况统计监视
50			市场信息综合统计展示
51			公示情况汇总统计
52	电网模型管理	断面管理	—
53		联络线管理	—
54		线路管理	—
55		联络线关口管理	—
56		控制区域管理	—
57		模型图形化管理	—

6 市场主体注册

市场主体注册主要实现各类市场主体在交易机构的信息登记注册，是为后续市场交易、结算等业务开展进行的准备工作。市场主体注册主要包括发电企业、售电公司等市场主体注册、变更及注销业务。市场主体注册主要通过自主申请、交易机构审批的方式实现各类市场主体注册、变更、注销及归档管理。

6.1 发电企业注册

6.1.1 业务项描述

发电企业为拥有唯一社会信用代码、具备独立核算资格的企业。发电企业注册指发电企业在进入市场前进行企业及机组信息注册业务。发电企业可以登录电力交易平台按相关政策规定填报详细注册信息，电力交易机构受理发电企业电力市场注册申请，对其注册资料进行完整性形式审查，无问题后，完成注册全过程归档管理。发电企业注册信息是发电企业后续参与市场交易、结算业务的数据基础。

6.1.2 工作要求

（1）符合市场参与条件的发电企业，可以自愿到对应交易机构进行市场注册。发电企业通过信息外网登录平台，填写企业详细信息，进行注册申请。

（2）发电企业进行正式提交注册信息前，需首先了解注册须知，在相关条款范围内开展入市注册工作。

（3）发电企业注册信息提交成功后，创建企业账号，注册申请人可以用此账号查看注册进度情况。

（4）发电企业需登记其企业信息，企业信息包括企业基本信息、商务信息、联系信息三大类，市场主体登记企业信息时，对于营业执照、身份证复印件等固定格式附件，支持应用图像识别技术，自动识别附件关键信息，自动回填至用户结构化信息表单中，判断上传附件是否合法，防止恶意注册。

（5）发电企业完成企业信息登记后，对于其已经取得发电业务许可证的机组，还需要进行机组（机组群）信息注册，不同类型机组（机组群）其注册信息不同。机组（机组群）信息包括：机组（机组群）基本信息、参数信息、权益信息等。

（6）当多个同类型机组在调度、计量时不可拆分，且批复上网电价、电价补贴相同时，可以按照机组群的形式进行注册。主要适用于风电、太阳能发电、储能发电等按照建设项目将多个风电杆塔、太阳能机组（机组群）或储能发电模块合并注册的情况，其他特殊情况参照执行。

（7）在注册信息填报过程中，需要根据平台注册要求，进行信息完整性、准确性校验，保障注册数据质量。发电企业完成注册信息填报后，可以将注册申请提交到交易机构，交易机构收到注册申请后，进行注册受理审批工作。

（8）平台需对必填项进行强调与指引提示，便于发电企业一次性完成注册申请材料填写工作；平台应具备短信发送功能，工作人员通过平台短信功能对发电企业进行信息反馈；平台应具备内外网信息同步且一致的功能。

（9）平台能够支持多个或批量打包下载发电企业上传的附件功能，流程结束后触发结算、证书办理业务流程。

（10）发电企业注册生效后，信息纳入正式库并归档，注册流程工单存证。

6.1.3　业务项流程

发电企业注册业务项流程见图 6-1。

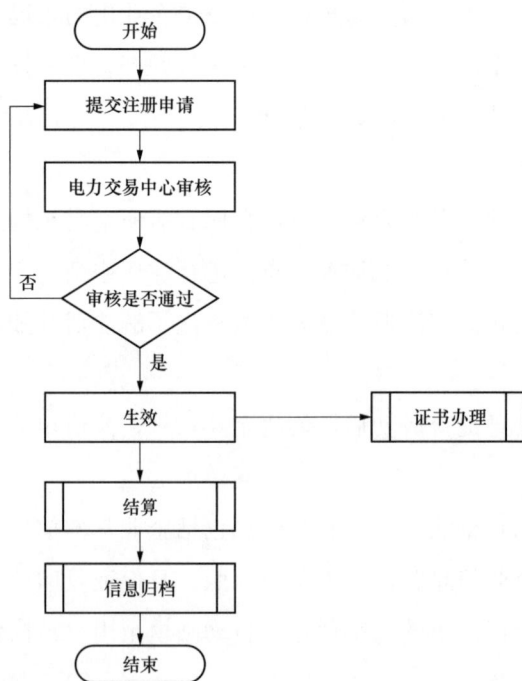

图 6-1　发电企业注册业务项流程图

6.1.4　关联

发电企业注册业务项关联见图6-2、表6-1。

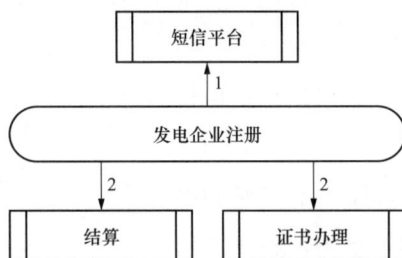

图 6-2　发电企业注册业务项关联图

表 6-1　　　　　　　　　　　　发电企业注册业务项关联表

序号	关联业务项名称	关联方向	关联触发条件	关联内容
1	短信平台	输出	注册生效、驳回等操作	审批过程信息
2	结算	输出	业务触发	生效时间、失效时间
3	证书办理	输出	业务触发	办理数字证书

发电企业注册业务项和其他业务项存在如下关联关系：

（1）向短信平台发布注册进程信息。

（2）发电企业注册业务项为结算业务类提供基础数据。

（3）发电企业注册业务项为证书办理业务类提供基础数据。

6.1.5　工作内容

（1）发电企业通过电力交易平台填写市场注册信息、机组注册信息等。

（2）交易机构收到发电企业自主申请注册的信息后，对其填写的相关企业注册材料进行形式审查。

（3）如申请注册信息有误或上传的电子材料缺少，将其注册申请进行驳回操作，同时短信通知相关注册联系人，并注明驳回原因，将驳回原因及驳回次数进行记录，以便用户登录平台查看相关审批信息，同时作为对后续市场服务考核依据，如对多次提交注册资料审核不通过并被驳回的市场主体，可施行延期审核受理的考核处理，在形式审查过程中灵活记录审查过程中的问题，作为对驳回再次提交的注册资料审查的依据，方便交易机构对市场注册服务的进行，并使得发电企业全生命周期管理的信息完整度更高。被驳回后的发电企业使用注册时申请的账号信息登录外网系统，根据驳回意见做相应修改后，重新提交申请。

（4）对符合准入条件并且提交的注册资料信息审查无误，对此发电企业注册信息标记为审查通过，待下一步生效处理。

（5）发电企业注册信息由电力交易机构审批生效，生效后需通过短信等方式通知相关注册人进行数字证书的办理工作，以便登录电力交易平台进行相关业务的开展。同时，将发电企业信息发送至结算处进行关口信息、电价信息维护的相关工作。

6.1.6　业务要求

（1）待归档资料必须完整齐全，并及时归档。

（2）市场主体自主信息变更必须符合注册指引规范。

6.2　发电企业变更

6.2.1　业务项描述

发电企业变更指已在电力交易平台注册的直购发电企业或非直购发电企业及其机组（机组群）信息发生变化时，到注册地电力交易平台自主申请信息变更，修改企业或机组（机组群）信息提交变更申请，交易机构进行审批生效的业务活动。发电企业变更主要包括信息变更、类型转换、机组注册、机组变更、机组转让等业务子项。

6.2.2　业务项流程

详见业务子项相关流程。

6.2.3　业务子项

6.2.3.1　信息变更

（1）业务子项描述。发电企业信息发生变更后，由发电企业自主在交易平台提报基本信息变更，并上传证明材料。信息变更主要包括发电企业基本信息、商务信息、联系方式等信息的变更。

（2）工作要求。

1）发电企业自行在交易平台进行信息的修改，上传变更申请材料后提交。

2）发电企业信息变更后直接提交至电力交易机构审批，审批通过后生效，审批不通过驳回申请并短信、邮件、消息等方式通知申请人。

3）信息变更生效后，信息纳入正式库并归档，信息变更流程工单存证。

4）发电企业基本信息的变更由购售电结算单位审核，交易机构审核生效。

（3）业务流程。

发电企业基本信息变更业务项流程见图6-3。

（4）关联。发电企业基本信息变更业务项关联见图6-4、表6-2。

```
                    ┌──────────┐
                    │   开始    │
                    └────┬─────┘
                         │
         ┌───────────────┼
         │        ┌───────▼────────┐
         │        │  基本信息变更申请  │
         │        └───────┬────────┘
         │                │
         │        ┌───────▼────────┐
         │        │  电力交易中心审核  │
         │        └───────┬────────┘
         │                │
         │           ╱────▼────╲
     否  │         ╱ 审核是否通过 ╲
         └────────◄                ►
                   ╲              ╱
                     ╲────┬─────╱
                       是  │
                    ┌──────▼─────┐
                    │    生效     │
                    └──────┬─────┘
                           │
                   ┌───┬───▼───┬───┐
                   │   │ 信息归档 │   │
                   └───┴───┬───┴───┘
                           │
                    ┌──────▼─────┐
                    │    结束     │
                    └────────────┘
```

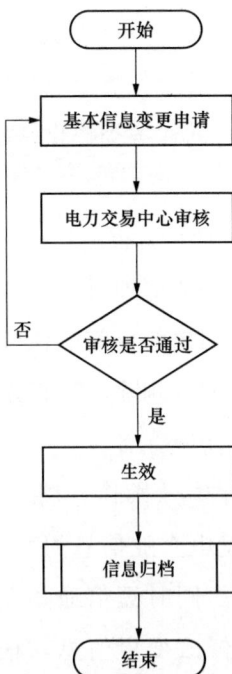

图 6-3　发电企业基本信息变更业务项流程图

```
                ┌───┬────────┬───┐
                │   │ 短信平台 │   │
                └───┴────┬───┴───┘
                         │2
        ┌────────────────┴───────────────┐
        │         发电企业变更              │
        └──┬──────────────┬────────────┬──┘
           │2             │2           │2
      ┌────▼───┐     ┌────▼───┐   ┌────▼───┐
      │ │ 交易 │     │ │ 结算 │   │ │ 合同 │
      └────────┘     └────────┘   └────────┘
```

图 6-4　发电企业基本信息变更业务项关联图

表 6-2　　　　　　　　　　　发电企业基本信息变更业务项关联表

序号	关联业务项名称	关联方向	关联触发条件	关联内容
1	短信平台	输出	变更生效、驳回等操作	审批过程信息
2	结算	输出	变更生效操作	发电企业变更信息
3	交易	输出		
4	合规	输出		

发电企业基本信息变更业务项和其他业务应用系统存在如下关联关系：

1）向短信平台发布变更进程信息。

2）发电企业信息变更与其他业务类存在如下关联关系：

a. 发电企业信息变更业务项为结算业务类提供基础数据。

b. 发电企业信息变更业务项为合规业务类提供基础数据。

c. 发电企业信息变更业务项为交易业务类提供基础数据。

d. 发电企业信息变更业务项为合同业务类提供基础数据。

（5）工作内容。

1）发电企业变更信息发送至电力交易机构审批生效，对其变更的信息进行形式审查，系统自动对比发电企业基本信息的变更项目，并红色标注出变更的项目，为方便发电企业变更审核人员的审查工作，同时列出变更前信息与变更后信息，方便信息的对比，对附件信息标记出操作类型，如使用新增、删除、初始分别标记出发电企业对相关附件的操作，方便交易机构用户审核附件变更情况。

2）对变更信息审核通过后进行生效操作，将变更信息更新至发电企业信息正式库，同时记录变更记录，详细记录发电企业信息的变更时间节点。变更信息审核不通过时驳回其变更申请并填写驳回原因，同时短信通知发电企业变更联系人，发电企业收到驳回意见后，登录电力交易平台修改变更信息，根据驳回原因修改变更信息后再次提交。

3）信息变更生效后，信息纳入正式库并归档，注册流程工单存证。

6.2.3.2 机组注册

（1）业务子项描述。机组注册指已注册的市场主体，新建机组（机组群）并网发电取得发电业务许可证后，到交易机构申请新增机组（机组群），交易机构审核生效归档的业务活动。

（2）工作要求。

1）机组（机组群）取得批复建设文件即可发起市场注册，注册信息包含已明确的机组（机组群）信息，如机组名称、机组容量等信息，在取得发电业务许可证前，均属于入市准备状态，机组未生效。

2）机组（机组群）并网后，需向交易机构提供并网协议，并补充相关机组（机组群）信息。

3）机组（机组群）取得发电业务许可证后，需到交易机构登记完整机组信息，申请入市生效，完整机组信息包括机组基本信息、参数信息、附件信息，不同类别机组（机组群）的注册信息不同。

4）信息生效后，信息纳入正式库并归档，变更流程工单存证。

5）市场主体均可发起机组注册流程。

（3）业务流程。

机组注册业务子项流程见图6-5。

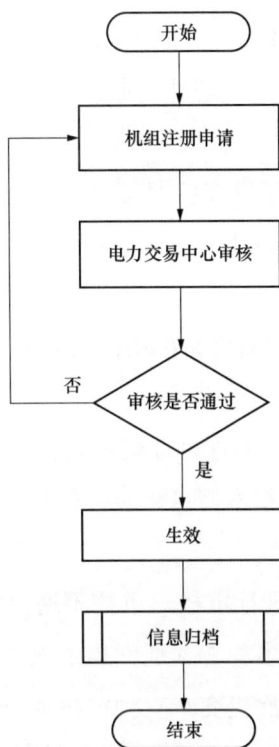

图 6-5　机组注册业务子项流程图

（4）关联。机组注册业务子项关联见图 6-6、表 6-3。

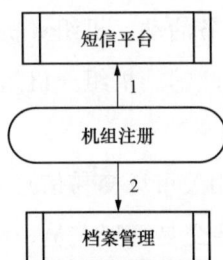

图 6-6　机组注册业务子项关联图

表 6-3　　　　　　　　　　　　机组注册业务子项关联表

序号	关联业务项名称	关联方向	关联触发条件	关联内容
1	短信平台	输出	注册生效、驳回等操作	审批过程信息
2	档案管理	输出	机组注册生效	机组信息

机组注册业务项与其他业务应用系统存在如下关联关系：

1）向短信平台发布流程通知消息信息；

2）机组注册与其他业务项存在如下关联关系。

机组注册业务项为档案管理类提供基础数据。

（5）工作内容。

1）机组（机组群）取得批复建设文件即可发起市场注册，注册信息包含已明确的机组（机组群）信息，如机组名称、机组容量等信息，在取得发电业务许可证前，均属于入市准备状态，机组未生效。

2）机组（机组群）并网后，需向交易机构提供并网协议，并补充相关机组（机组群）信息。

3）机组（机组群）取得发电业务许可证后，需到交易机构登记完整机组信息，申请入市生效，完整机组信息包括机组基本信息、参数信息、附件信息，不同类别机组（机组群）的注册信息不同。

4）交易机构对机组注册信息进行审核，审核不通过时可以驳回其注册申请并填写驳回原因，同时短信、消息、邮件等多种方式通知申请人，申请人收到驳回意见后，可以根据驳回原因修改完善注册信息后再次提交，直到审核通过。

5）交易机构通过审核后，机组（机组群）注册申请生效，并将注册信息纳入正式库并归档，机组注册流程工单存证。

6.2.3.3　机组变更

（1）业务子项描述。机组变更主要指机组（机组群）信息发生改变后，向交易机构提交变更申请，交易机构审批生效的业务活动。机组（机组群）变更包括对应的机组基本信息、机组参数变化、机组（机组群）注销、机组（机组群）关停等情况。

（2）工作要求。

1）机组（机组群）变更前后的相关市场交易信息和考核结算信息必须能够追溯。

2）机组（机组群）变更信息需要交易管理人员、结算管理人员对相关的计划、合同、结算业务进行妥善处理后，方可进行变更。

3）信息生效后，信息纳入正式库并归档，变更流程工单存证。

4）平台各业务功能机组名称统一显示为调度命名。

（3）业务流程。

机组变更业务子项流程见图 6-7。

（4）关联。机组变更业务子项关联见图 6-8、表 6-4。

机组变更业务项和其他业务项存在如下关联关系：

1）向短信平台发布变更进程信息。

2）机组变更业务项为结算业务类提供基础数据。

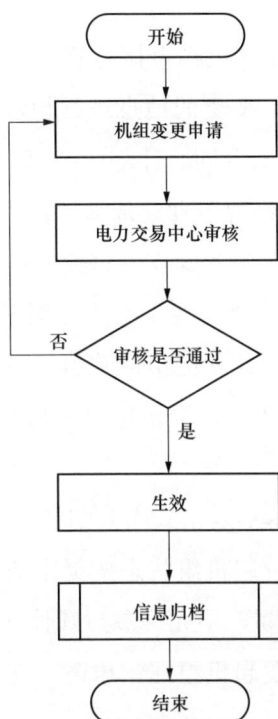

图 6-7　机组变更业务子项流程图

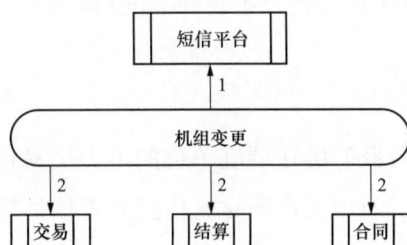

图 6-8　机组变更业务子项关联图

表 6-4　　　　　　　　　　　　机组变更业务子项关联表

序号	关联业务项名称	关联方向	关联触发条件	关联内容
1	短信平台	输出	变更生效、驳回等操作	审批过程信息
2	结算	输出	机组变更	机组信息
3	交易	输出	机组变更	机组信息
4	合同	输出	机组变更	机组信息

3）机组变更业务项为交易业务类提供基础数据。

4）机组变更业务项为合同业务类提供基础数据。

（5）工作内容。

1）发电企业所属机组变更由交易机构审核生效。

2）对发电企业机组（机组群）变更的信息进行初步核对后，同时发送审核流程至交易管理人员、结算管理人员对相关的合同、计划、结算业务进行妥善处置，完成合同变更后，机组变更生效，并通知计划、结算专业完成后续清算工作。

3）对变更信息审核通过后进行生效操作，将变更信息更新至发电企业信息正式库，同时记录变更记录，详细记录发电企业信息的变更时间节点。

4）变更信息审核不通过时驳回其变更申请并填写驳回原因，同时短信通知发电企业变更联系人，发电企业收到驳回意见后，登录电力交易平台修改变更信息，根据驳回原因修改变更信息后再次提交。

5）机组变更申请生效后，信息纳入正式库并归档，机组变更流程工单存证。

6）机组关停后，市场主体需发起机组状态变更申请，交易机构审核通过后，机组状态设为关停，允许其参与发电权交易，不允许参与其他交易。

7）机组退市时，市场主体需发起机组注销申请，交易机构审核通过后，机组状态设为注销，不再参与市场交易。

6.2.3.4 机组转让

（1）业务子项描述。机组转让是指发电企业之间进行的发电机组所有权的转让，包括权益转让。

（2）工作要求。

1）机组转让由机组（机组群）所在调度单位的电力交易机构审核生效。

2）发生机组转让业务前后的相关市场交易信息和考核结算信息必须能够追溯。

3）发电企业需对转让机组未履约合同部分进行变更、转让和终止工作，以便完成该机组转让前涉及费用清算。

4）机组转让业务生效或驳回，平台可自动短信通知相关的申请人。

5）信息生效后，信息纳入正式库并归档，转让流程工单存证。

（3）业务流程。

机组转让业务子项流程见图6-9。

（4）关联。机组转让业务子项关联见图6-10、表6-5。

机组转让业务项和其他业务项存在如下关联关系：

1）向短信平台发布变更进程信息。

2）机组转让业务项为结算业务类提供基础数据。

3）机组转让业务项为交易业务类提供基础数据。

4）机组转让业务子项为合同业务类提供基础数据。

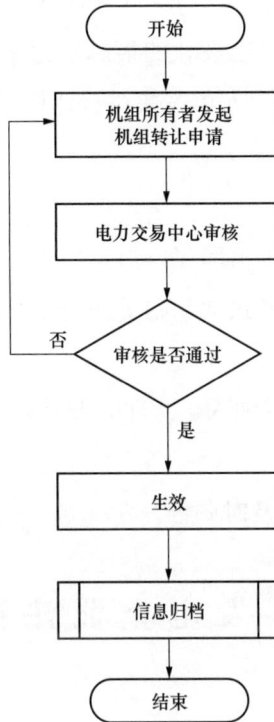

图 6-9 机组转让业务子项流程图

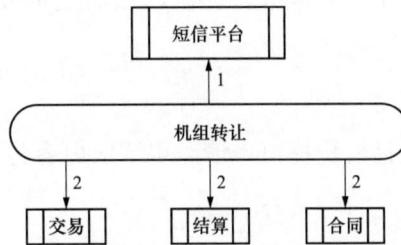

图 6-10 机组转让业务子项关联图

表 6-5　　　　　　　　　　　　　　机组转让业务子项关联表

序号	关联业务项名称	关联方向	关联触发条件	关联内容
1	短信平台	输出	变更生效、驳回等操作	审批过程信息
2	结算	输出	机组变更	机组信息
3	交易	输出	机组变更	机组信息
4	合同	输出	机组变更	机组信息

（5）工作内容。

1）发电企业通过电力交易平台提交机组转让申请，非直购所属机组转让由地市公司审核生效，直购发电企业所属机组转让由交易机构审核生效。

2）电力交易机构对发电企业机组转让的信息进行初步核对后，发送业务关联至交易管理人员、结算管理人员，交易管理人员完成对转让机组未履约合同部分进行变更、转让和终止工作后变更生效，生效后通知交易管理人员、结算管理人员按结算周期完成相关机组涉及费用清算。

3）发电企业机组转让相关工作全部完成后，电力交易机构发电企业机组转让信息进行生效操作，将新信息更新至发电企业信息正式库，同时记录变更记录，详细记录发电企业信息的变更时间节点。

4）机组转让申请生效后，信息纳入正式库并归档，机组转让流程工单存证。

6.2.4　业务要求

待归档资料必须完整齐全，并及时归档。

6.3　发电企业注销

6.3.1　业务项描述

发电企业注销业务适用于发电企业因销户、退役等原因申请注销，根据实际情况，完成电量电费清算、合同转让等相关工作，最后完成发电企业注销资料存档的全过程。

6.3.2　工作要求

（1）发电企业注销须向交易机构提出申请。申请应内容包括：

1）市场退出原因；

2）依据规则，如有需要，提供政府有关部门意见；

3）对未履行的市场交易合同妥当处置情况，并提供有关证明材料。

（2）非直购所属机组注销由地市公司审核生效，直购发电企业所属机组注销由交易机构审核生效。

（3）发电企业注销需要交易管理人员、结算管理人员对相关的交易、合同、结算等业务情况进行核实，并将审核结论发送至市场处，由市场处根据交易处、结算处结论来确定是否具备注销条件，完成注销生效。

（4）信息生效后，信息纳入正式库并归档，转让流程工单存证。

6.3.3　业务项流程

发电企业注销业务项流程见图6-11。

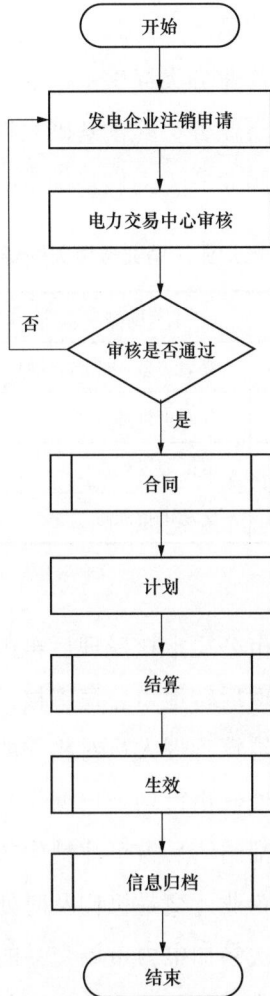

图 6-11 发电企业注销业务项流程图

6.3.4 关联

发电企业注销业务项关联见图 6-12、表 6-6。

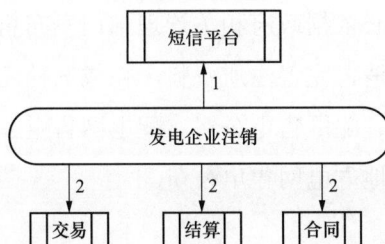

图 6-12 发电企业注销业务项关联图

发电企业注销业务项和其他业务项存在如下关联关系：

（1）向短信平台发布变更进程信息。

（2）发电企业注销业务项为结算业务类提供基础数据。

（3）发电企业注销业务项为交易业务类提供基础数据。

（4）发电企业注销业务项为合同业务类提供基础数据。

表 6-6 发电企业注销业务项关联表

序号	关联业务项名称	关联方向	关联触发条件	关联内容
1	短信平台	输出	变更生效、驳回等操作	审批过程信息
2	结算	输出	合同审批通过	发电企业注销信息
3	交易	输出	审批通过	发电企业注销信息
4	合同	输出	交易审批通过	发电企业注销信息

6.3.5 工作内容

（1）非直购所属机组转让由地市公司审核受理后再由交易机构审核生效，直购发电企业所属机组转让由交易机构审核受理后转地市公司审核，最后由交易机构生效。

（2）交易机构交易管理人员、结算管理人员对相关的交易、合同、结算等业务情况进行核实，并将审核结论发送至市场处，由市场处根据交易管理人员、结算管理人员结论来确定是否具备注销条件，相关业务都结清后方可注销生效。

（3）对于满足注销条件的发电企业，交易机构及时处理平台中相关信息。

（4）注销后，发电企业需要再次参加电力市场交易的，需重新办理入市注册手续。

（5）信息生效后，信息纳入正式库并归档，转让流程工单存证。

6.4 售电公司注册

6.4.1 业务项描述

售电公司注册电力交易中心依据政府相关管理部门发布售电公司准入退出管理工作要求，受理售电公司市场注册申请，完善注册资料，完成归档注册全过程管理。售电公司根据售电属性分为独立售电公司、配网售电公司。配电网售电公司根据配网属性分为微网售电公司、增量配网售电公司、地方电网售电公司。

6.4.2 工作要求

（1）售电公司对照《售电公司准入与退出管理办法》的准入条件，按照"一承诺、一注册、一公示、三备案"的流程自愿注册成为合格的市场主体，参与电力市场交易。

（2）按照售电公司开展业务的范围不同，可以区分为单业务范围注册和多业务范围注册两种情况。其中，单业务范围指只在一个省开展业务的情况；多业务范围指同时在多个省开展业务的情况。多业务范围售电公司注册可在北京电力交易中心交易或开展业务的省交易中心提交注册申请。

（3）在注册信息填报过程中，需要根据注册要求，进行信息完整性、准确性校验，保障注册数据质量。

（4）市场主体登记企业信息时，对于营业执照、身份证复印件等固定格式附件，支持应用图像识别技术，自动识别附件关键信息，判断上传附件是否合法，防止恶意注册。

（5）检查售电公司注册资料的完整性。

6.4.3 业务项流程

售电公司注册业务项流程见图 6-13。

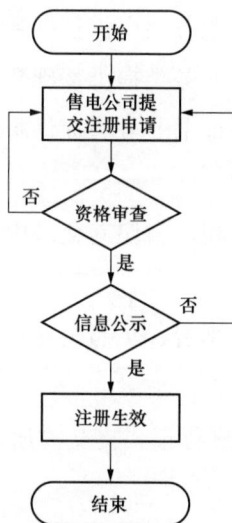

图 6-13 售电公司注册业务项流程图

6.4.4 关联

售电公司注册业务项关联见图 6-14、表 6-7。

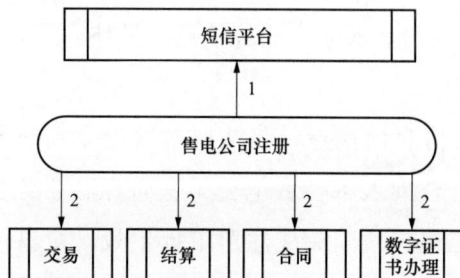

图 6-14 售电公司注册业务项关联图

售电公司注册业务项和其他业务应用系统存在如下关联关系：

表 6-7   售电公司注册业务项关联表

序号	关联业务项名称	关联方向	关联触发条件	关联内容
1	短信平台	输出	通过、驳回等操作	注册过程信息
2	交易	输出	售电公司注册生效	售电公司档案
3	结算	输出	售电公司注册生效	售电公司档案
4	合同	输出	售电公司注册生效	售电公司档案
5	数字证书办理	输出	售电公司注册生效	售电公司档案

（1）向短信平台发布注册进程信息。

（2）售电公司注册业务项为交易业务类提供基础数据。

（3）售电公司注册业务项为结算业务类提供基础数据。

（4）售电公司注册业务项为合同业务类提供基础数据。

（5）售电公司注册业务项为数字证书业务类提供基础数据。

6.4.5　工作内容

（1）符合政府准入条件的售电公司，自愿向交易中心提交入市（注册）申请，并提交相关资料，进行注册申请。

（2）售电公司通过信息外网登录平台，填写企业详细信息，进行注册申请。具体注册内容包括：

1）入市承诺书签订。售电公司进行正式提交注册信息前，需首先了解注册须知，在相关条款范围内开展入市注册工作。

2）账号注册。售电公司需根据自身情况注册其账号、密码信息，该账号信息可以作为注册审批期间的临时登录账号，查看注册状态，注册生效后，账号自动生效为正式账号，赋予售电公司相关系统权限。

3）企业信息登记。售电公司需登记其企业信息，售电公司包括企业信息、基本信息、商务信息、联系信息、从业人员、股东构成等信息。另外，具有配电网运营权的售电公司还需要登记其配电网基本信息。

（3）售电公司完成注册信息填报后，将注册申请提交到交易中心，交易中心进行注册受理审批工作，同步向符合准入条件售电公司意向开展业务的省交易中心推送数据，与交易中心联合审查受理工作，共同完成注册审批生效。交易中心可查看各业务范围交易中心审批状态及驳回原因，并根据售电公司被驳回后重新提交的信息再次进行审查并受理。

（4）受理通过后将售电公司信息推送给信用中国、电力交易平台等网站进行公示，公示期内售电公司不能修改注册信息，公示信息中提供交易中心联系方式（电话及邮箱），默认公示期一个月，如公示期内公众有异议的，通过公示信息中提供的联系方式向交易中心反馈，交易中心根据反馈意见记录相关异议信息，如果反馈信息属实，交易中心驳回其注册申请。

（5）公示期满且无异议的，交易中心对其注册生效操作，自动将售电公司注册的企业信息、附件信息、从业人员信息及附件、联系人信息、股东构成信息等纳入正式库，并将其注册的登录账号转为正式账号，完成后短信通知售电公司注册联系人，并通知其进行数字证书的办理工作。

（6）对于恶意注册的信息可撤销注册，直接删除售电公司企业信息、附件信息、从业人员信息以及附件、股东构成信息，避免垃圾数据进入系统，同时支持对已受理通过或撤销的申请记录进行查询。

（7）根据市场主体需要，选择是否给市场主体发送办理进度的提醒短信，并确认短信的联系人及接收号码。

（8）多业务范围开展业务的售电公司，需新增业务范围时，须到注册地交易中心提交注册申请，注册地交易中心受理审核后，将其注册信息发送至新增业务范围对应省交易中心进行注册审批、公示及生效，流程与注册审批流程一致。新增业务范围生效后，需通知北京及注册地交易中心。

6.4.6　业务要求

（1）待归档资料必须完整齐全，并及时归档。

（2）市场主体自主信息变更必须符合注册指引规范。

6.5　售电公司变更

6.5.1　业务项描述

售电公司变更是依据售电公司需求，受理售电公司注册信息变更申请，完成资料归档，引导后续业务流程。售电变更包括重大信息变更、一般信息变更等内容。

6.5.2　工作要求

（1）多业务范围售电公司信息变更须登录注册地交易中心平台提交变更申请。

（2）重大信息变更按照规定在交易平台进行公示。

6.5.3　业务项流程

售电公司变更业务项流程见图6-15。

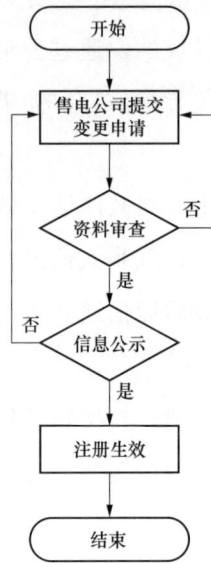

图 6-15　售电公司变更业务项流程图

6.5.4　关联

售电公司变更业务项关联见图 6-16、表 6-8。

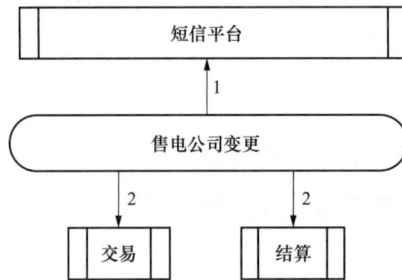

图 6-16　售电公司变更业务项关联图

表 6-8　　　　　　　　　　　　　售电公司变更业务项关联表

序号	关联业务项名称	关联方向	关联触发条件	关联内容
1	短信平台	输出	通过、驳回等操作	注册过程信息
2	交易	输出	售电公司变更生效	售电公司档案
3	结算	输出	售电公司变更生效	售电公司档案

售电公司变更业务项和其他业务项存在如下关联关系：

（1）向短信平台发布注册进程信息。

（2）售电公司变更业务项为交易业务类提供基础数据。

（3）售电公司变更业务项为结算业务类提供基础数据。

6.5.5 工作内容

（1）已在北京电力交易平台注册的售电公司信息发生变化时，在北京电力交易平台自主申请信息变更，上传佐证材料。业务范围所在省同步开展受理公示审查工作。

（2）售电公司注册信息变更包括一般信息变更与重大信息变更。

（3）重大信息变更包含以下内容：①股权结构。②法定代表人。③营业执照经营范围。④资产总额。⑤从业人员（高级、中级职称人员变更或变更人数比例≥50%）。⑥准入关键佐证证件信息变更（如许可证、职称证件有效时间到期，更换证件等）。⑦企业类型（如独立售电公司更改为拥有配网运营权配售电公司）。⑧各省市政府主管部门认定属重大信息变更范围的事项。上述重大信息变更之外的信息变更属于一般信息变更。

（4）系统自动识别售电公司变更信息中是否存在重大信息变更的情况，如果存在则标记出变更的重大信息项。

（5）北京交易中受理售电公司变更申请，并将变更信息发送至相关省分别进行审核，所有业务范围涉及省均通过审核及公示后，由北京电力交易中心进行变更生效。

（6）对于存在重大信息变更的申请需在变更信息审核通过后进行公示，公示期默认 5 个工作日，重大信息变更公示期间售电公司不可参加市场交易，自动将售电公司设置为停牌状态，变更前已签订的交易合同按照交易合同约定履行。

（7）公示期满无异议后变更生效，将售电公司变更信息入正式库并记录变更记录，详细记录售电公司信息的变更时间节点，自动将售电公司状态设置为复牌，恢复正常市场交易。

（8）变更信息审核不通过时驳回其变更申请并填写驳回原因，同时短信通知售电公司变更联系人，售电公司收到驳回意见后，登录电力交易平台修改变更信息，根据驳回原因修改变更信息后再次提交。

（9）根据市场主体需要，选择是否给市场主体发送办理进度的提醒短信，并确认短信的联系人及接收号码。

6.6 售电公司注销

6.6.1 业务项描述

售电公司注销适用于售电公司因销户、退出电力市场等原因申请注销，根据实际情况，完成各项审核及电量电费清算，完成售电公司注销资料存档的全过程。

6.6.2 工作要求

（1）售电公司注销可以根据其注册业务范围分别进行注销，也可以在多个业务范围整体注销。一般单业务范围在省交易平台申请受理，多业务范围注销在北京电力交易中心进行注销申请。

（2）售电公司办理注销应完成与所有零售用户解绑；完成合同处置；完成电量电费清算。

6.6.3 业务项流程

售电公司注销业务项流程见图 6-17。

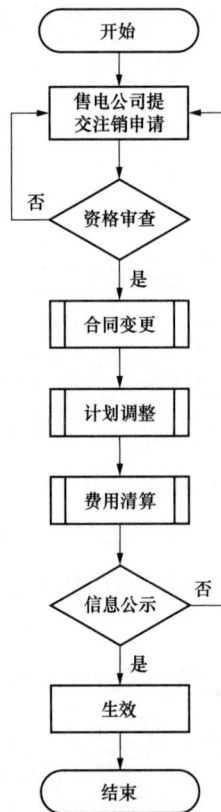

```
        ┌──────────┐
        │   开始    │
        └────┬─────┘
             │
    ┌────────▼────────┐
 ┌─▶│ 售电公司提       │◀─┐
 │  │ 交注销申请       │  │
 │  └────────┬────────┘  │
 │           │           │
 │  否   ◇───▼───◇       │
 └─────◇ 资格审查 ◇      │
        ◇───┬───◇        │
            │是           │
    ┌───────▼───────┐    │
    │    合同变更     │    │
    └───────┬───────┘    │
    ┌───────▼───────┐    │
    │    计划调整     │    │
    └───────┬───────┘    │
    ┌───────▼───────┐    │
    │    费用清算     │    │
    └───────┬───────┘    │
        ◇───▼───◇    否   │
        ◇ 信息公示 ◇──────┘
        ◇───┬───◇
            │是
    ┌───────▼───────┐
    │     生效       │
    └───────┬───────┘
        ┌───▼────┐
        │  结束   │
        └────────┘
```

图 6-17   售电公司注销业务项流程图

6.6.4 关联

售电公司注销业务项关联见图 6-18、表 6-9。

表 6-9   售电公司注销业务项关联表

序号	关联业务项名称	关联方向	关联触发条件	关联内容
1	短信平台	输出	电力用户注销	注销过程信息
2	交易	输出	售电公司注销	交易的执行情况

续表

序号	关联业务项名称	关联方向	关联触发条件	关联内容
3	结算	输出	售电公司注销	电费清算
4	合同	输出	售电公司注销	合同的执行情况

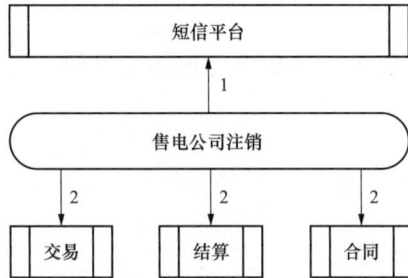

图 6-18 售电公司注销业务项关联图

售电公司注销业务项和其他业务项存在如下关联关系：

（1）向短信平台发布注销进程信息。

（2）售电公司注销业务项为交易业务类提供基础数据。

（3）售电公司注销业务项为结算业务类提供基础数据。

（4）售电公司注销业务项为合同业务类提供基础数据。

6.6.5　工作内容

（1）售电公司市场注销主要包括自愿和强制注销，符合《售电公司市场注册规范》中售电公司市场注销强制注销情形的，电力交易中心将对售电公司信息进行强制注销，同时记录被强制注销原因、强制注销时间等关键信息，并短信通知被强制注销售电公司的联系人。

（2）在交易中心注册的多业务范围开展业务的售电公司因自身原因需要退出市场时，需在北京电力交易平台提交市场注销申请。申请内容应包括：

1）市场退出原因；

2）依据规则，如有需要，提供政府有关部门意见；

3）对未履行的市场交易合同妥当处置情况，并提供有关证明材料。

注销资料推送省交易中心，同步开展注销工作。

（3）市场注册管理人员受理后发送审核流程至交易管理人员、结算管理人员对相关的交易、合同、结算业务进行核对，是否同意其注销申请，并将审核结论发送至市场处参考，市场处根据审核结论驳回或进行下一步公示，公示期满无异议的标记为公示通过并生效。审核不通过的驳回申请或等待补齐相关材料后再次提交受理。

（4）对通过审查的售电公司按照市场主体协商一致意见或强制退出意见进行合同处理，完成电量电费清算。

（5）对注销售电公司的相关材料通过"信用中国"等政府指定网站向社会公示，公示期10个工作日。公示期满无异议的，交易中心对注销申请进行生效，注销生效后的信息同步至省内交易平台。

（6）注销后，售电公司需要再次参加电力市场交易的，需重新办理入市注册手续。

7 市场成员管理

市场成员管理主要对市场主体在电力市场中的各类信息进行综合管理,包括:市场主体的市场资质管理、发电集团信息查询、市场主体公开信息查询、市场综合服务、市场主体运营指标分析等内容。

7.1 市场资质管理

7.1.1 业务项描述

市场资质管理包括备案报告管理、停复牌管理、交易规模管理以及黑名单管理。主要对市场主体合规市场身份进行界定,防止不符合市场主体身份和交易资格的主体参与交易。备案报告管理主要指电力交易机构按月汇总售电公司注册情况向能源监管机构、政府有关部门和政府引入的第三方征信机构备案。停复牌管理主要指市场主体从停牌时间开始,不能参与市场交易,直到复牌生效。交易规模管理主要指对市场主体交易电量上限进行计算和管理,使交易电量满足相关部门管理要求。黑名单管理主要指对政府及合规处发布的市场成员黑名单进行管理的业务活动。

7.1.2 业务子项

7.1.2.1 备案报告管理

(1)业务子项描述。电力交易机构按月汇总售电公司注册情况向能源监管机构、政府有关部门和政府引入的第三方征信机构备案。备案报告管理功能应支持业务人员根据指定时间范围内的售电公司注册信息详情,按照备案报告模板,自动生成备案报告,并且支持备案报告的导出功能,以便交易机构在此基础上进行编辑完善,形成正式备案报告,报送能源监管机构。

(2)工作要求。

1)应支持业务人员指定时间范围内的售电公司注册信息详情查询及统计;

2)按照备案报告模板,自动生成备案报告,并且支持备案报告的导出功能。

(3)业务流程。

备案报告管理业务子项流程见图 7-1。

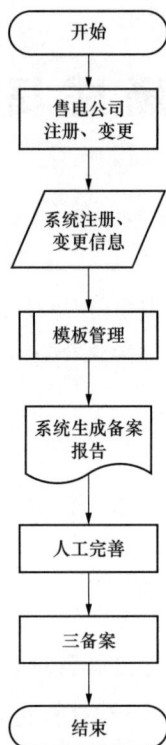

图 7-1　备案报告管理业务子项流程图

（4）关联。对市场成员在注册环节、变更环节产生的信息变化以及档案归档，系统自动生成备案报告，在交易机构业务人员审核后，向政府部门、监管部门、信用中国备案。备案报告管理与其他业务项的关联见图 7-2，备案报告管理业务子项关联表见表 7-1。

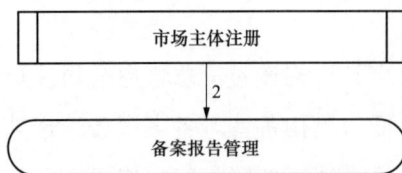

图 7-2　备案报告管理业务子项关联图

表 7-1　　　　　　　　　　　　　　备案报告管理业务子项关联表

序号	关联业务项名称	关联方向	关联触发条件	关联内容
1	市场主体注册	输入	注册、变更生效	注册审核结果、注册信息 变更审核信息结果、变更信息

本业务子项与其他业务类/业务项/业务子项关联关系：市场主体注册为备案报告管理业务子项提供基础数据。

（5）工作内容。

1）针对不同时间节点统计新注册、新变更市场成员信息；

2）按照备案报告模板自动生成备案报告，并将备案报告导出，供业务人员审核；

3）电力交易机构将最终审核通过的备案正式报告向能源监管机构、政府有关部门和政府引入的第三方征信机构备案。

7.1.2.2 停复牌管理

（1）业务子项描述。当市场主体内部发生重大事项、注册信息发生重大变更或信用评价不合格，不宜参加市场交易时允许市场主体进行停复牌操作。从停牌时间开始，不能参与市场交易，直到复牌生效。

交易机构可通过停复牌管理功能对市场主体进行停牌和复牌设置，并提供多维度查询条件进行查询，以及对停、复牌的市场主体进行不同维度统计，包括从停复牌类型（自主发布、信息变更、人工设置）、各市场主体停复牌次数以及停复牌市场主体数量等维度进行统计。

（2）工作要求。

1）交易平台设计专用字段记录市场成员停牌、复牌信息，实现对停、复牌的市场主体进行不同维度统计。

2）市场成员自行申请停牌、复牌需交易机构审核流程通过后生效，强制停牌、复牌由交易机构管理人员通过系统流程管理，相关记录、档案纳入市场主体档案管理和市场成员全生命周期日志记录。

3）停牌设置停牌时间、复牌时间，系统自动按照设置时间完成相应操作。

（3）业务流程。

停复牌管理的业务子项流程见图7-3。

（4）关联。停复牌管理与其他业务的关联见图7-4、表7-2。

本业务子项与其他业务类/业务项/业务子项关联关系：

1）主体信用评价为停复牌管理业务子项提供信用评价等级和惩罚措施；

2）交易规模管理为停复牌管理业务子项提供售电公司交易规模超限信息；

3）停复牌管理业务子项向综合管理输出停复牌相关信息。

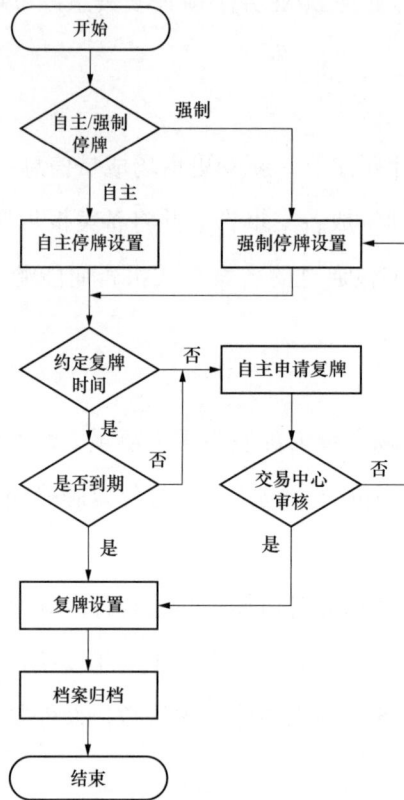

图 7-3   停复牌管理业务子项流程图

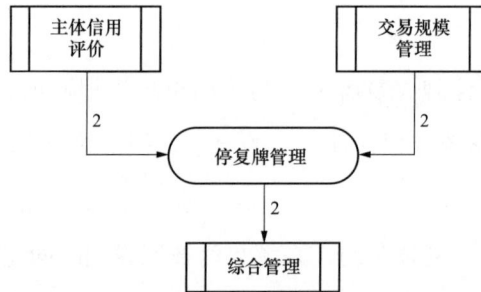

图 7-4   停复牌管理业务子项关联图

表 7-2   停复牌管理业务子项关联表

序号	关联业务项名称	关联方向	关联触发条件	关联内容
1	主体信用评价	输入	信用评价惩罚	信用评价等级、惩罚措施
2	交易规模管理	输入	售电公司交易规模超限	交易规模超限信息
3	综合管理	输出	停复牌生效	停复牌审核结果、系统信息、停复牌申请、审核等流程形成的归档文件

（5）工作内容。

1）市场成员登录交易平台自主申请停复牌，交易机构受理并审核，原则上正在进行交易过程中不允许停复牌设置，未参加新交易的市场成员申请停牌需将已达成的交易合同妥善处理并完成相关结算工作后方可办理。

2）因政府政策、主体信用评价惩罚措施和其他市场主体违规行为需要强制停牌的情况，由政府相关部门发文通知，同时提供相关文件后，交易机构可在交易平台市场成员管理模块中设置强制停复牌，中心内部审核流程应包括交易、结算专业。原则上正在进行交易过程中不允许停复牌设置，未参加新交易的市场成员申请停牌需将已达成的交易合同妥善处理并完成相关结算工作后方可办理。

3）停复牌办理信息可根据业务需要按时间、成员类型、停复牌类型等方面提供查询统计，并将相关信息纳入市场成员全生命周期日志记录，所产生的相关过程资料做好档案归档工作。

4）停复牌办理期间，交易平台通过短信系统，向申请停复牌的市场成员发送关键节点受理情况，及时掌握业务流程办理进度。

7.1.2.3 交易规模管理

（1）业务子项描述。售电公司在电力交易外网平台自主进行履约保函报送，包括保函额度、保函期限等信息，并上传履约保函附件。交易机构对售电公司提交的履约保函信息进行受理验真，通过后根据售电公司的履约保函额度和资产总额对其交易规模进行联合计算，为售电公司在交易过程中的交易规模提供参考。同时对售电公司当年所参与的交易规模进行统计，对临界和超限的售电公司进行告警提示。

（2）工作要求。

1）系统支持售电公司手工录入保函额度、保函期限等履约保函基本信息，并以附件形式上传履约保函文件；

2）计算逻辑及条件可根据各省要求可调整及灵活配置，单位保函金额对应担保电量的比例关系需要能够配置；

3）系统可自动计算履约保函金额与资产总额对应交易规模；

4）对年度交易规模剩余量可预警；

5）市场主体可以多次报送银行履约保函，同一保函期限内重复提交的履约保函，应该合并计算交易规模。

（3）业务流程。

交易规模管理业务子项流程见图7-5。

（4）关联。交易规模管理与其他业务的关联图见图7-6，备案报告管理关联表见表 7-3。

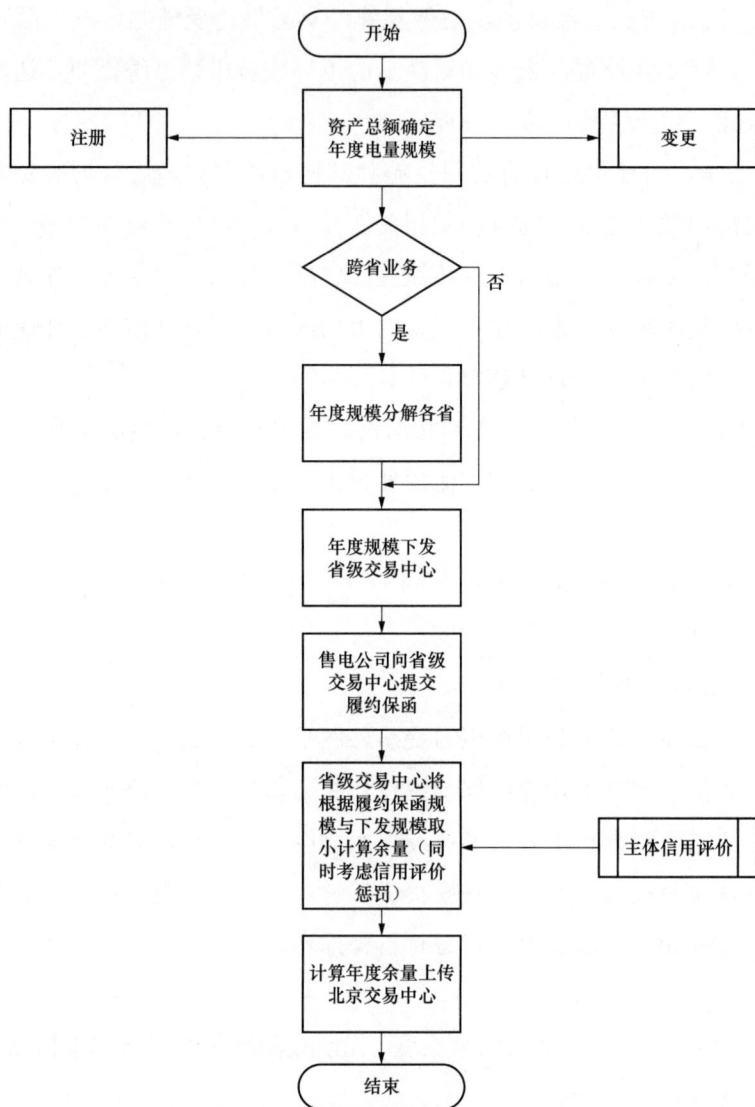

图 7-5　交易规模管理业务子项流程图

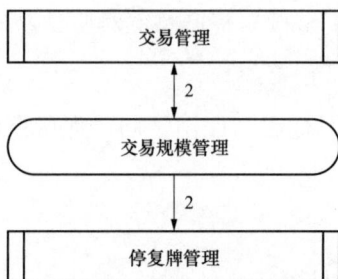

图 7-6　交易规模管理业务子项关联图

本业务子项与其他业务类/业务项/业务子项关联关系：

a. 交易管理为停复牌管理业务子项提供交易规模信息；

b. 交易规模管理为停复牌管理业务子项提供售电公司交易规模超限信息；

c. 交易规模管理业务子项为交易管理提供当年交易规模完成信息。

表 7-3　　　　　　　　　　交易规模管理业务子项关联表

序号	关联业务项名称	关联方向	关联触发条件	关联内容
1	交易管理	输出	售电公司交易规模预警	交易规模信息
2	停复牌管理	输出	售电公司交易规模超限	交易规模超限信息
3	交易管理	输入	售电公司交易规模完成情况查询	当年交易规模完成信息

（5）工作内容。

1）售电公司注册或变更后，交易机构需要根据其注册资本，计算其年度交易电量规模。

2）对于在多个省开展业务的售电公司，需要其将年度总交易规模分解到每个省，形成每个单位交易规模，并下发到各省交易机构。

3）售电公司需按各省规则要求，到银行办理履约保函，取得该省的交易规模额度，并到省交易机构提交履约保函信息，另外，当售电公司履约保函额度变更后，也需要及时补办、更新履约保函，重新到交易机构提交履约保函信息。

4）交易机构依据售电公司提交的履约保函信息计算担保交易规模，与北京电力交易机构下发的本省交易规模（若有）取小，确定该售电公司在对应省当年的交易规模，并将该信息上传北京电力交易机构。

5）交易机构组织每次交易时，需要根据售电公司的剩余交易规模设置申报上限及进行有约束出清计算，完成市场出清形成有约束结果后，需自动计算相关售电公司剩余交易规模。

6）省交易机构每次完成交易组织后，需要将相关售电公司已完成交易规模上传北京电力交易机构，便于北京交易机构售电公司整体交易规模控制。

7）售电公司或交易机构相关专责可以随时查看售电公司在各省电力交易机构交易规模及对应省剩余交易规模，也可以在北京电力交易机构查看售电公司整体交易规模及整体完成情况。

8）系统需对交易规模临界、超限售电公司进行标注提醒，供交易机构专业人员参考。

7.1.2.4　黑名单管理

（1）业务子项描述。黑名单管理指对政府及合规处发布的市场成员黑名单进行管理的业务活动。

（2）工作要求。

1）黑名单管理不另建新的系统模块，在市场成员管理模块中统筹设计，交易平台设计专用字段记录市场成员黑名单信息，实现拉入黑名单的市场主体进行不同维度统计；

2）拉入黑名单操作由交易机构管理人员通过系统流程管理，相关记录、档案纳入市场主体档案管理和市场成员全生命周期日志记录；

3）拉黑操作设置生效时间、失效时间，系统自动按照时间完成相应操作。

（3）关联。黑名单管理与其他业务项关联见图 7-7，黑名单管理业务子项关联表见表 7-4。

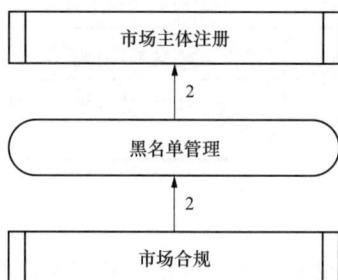

图 7-7　黑名单管理业务子项关联图

表 7-4   黑名单管理业务子项关联表

序号	关联业务类名称	关联方向	关联触发条件	关联内容
1	市场主体注册	输出	生效黑名单	市场主体信息
2	市场合规	输入	产生黑名单	市场主体信息

本业务子项与其他业务类/业务项/业务子项关联关系：

1）黑名单管理业务子项为市场主体注册提供基础数据。

2）市场合规为黑名单管理业务子项提供基础数据。

（4）工作内容。

1）对于政府发布的市场成员黑名单，交易机构能提供多维度查询条件查询功能，确定黑名单内的市场成员的入市情况：如果已入市，需要先进行强制退市，然后通过黑名单管理功能对相关市场成员进行拉黑操作；如果涉及的市场成员正在注册入市审核阶段，交易机构驳回注册申请，然后进行拉入黑名单操作；如果涉及的市场成员未入市，交易机构直接进行拉入黑名单操作，同时禁止该市场成员进行入市申请操作。

2）对于合规处发布的市场成员黑名单，合规处通知市场成员进行退市操作，退市后进行拉入黑名单操作。

7.1.3　业务要求

（1）备案报告模板、交易规模计算逻辑和条件可根据业务人员要求进行可选、可编、可调功能，适应不同管理部门要求。

（2）相关备案信息、停复牌信息、交易规模预警和超限信息等相关记录、档案纳入市场主体档案管理和市场成员全生命周期日志记录。

7.2 发电集团信息查询

7.2.1 业务项描述

对平台发电侧市场成员构成情况进行查询，可按发电类型、发电集团、容量等级、所属网省等维度对发电企业注册数量、装机容量和交易电量进行查询。发电类型包括：火电、水电、风电、太阳能、核电、其他。发电集团包括：华能集团、华电集团、国电集团、大唐集团、国家电投等主要发电集团和其他集团。

7.2.2 业务子项

7.2.2.1 发电企业与所属集团查询

（1）业务子项描述。发电集团需了解集团所属发电企业的交易参与情况及中标情况。设置发电集团专用账号，用于发电集团查询所属市场成员概况及交易情况等信息。发电集团包括：华能集团、华电集团、国电集团、大唐集团、国家电投等主要发电集团和其他集团。根据发电企业市场成员注册时提供的股权信息，将该发电企业归属为控股发电集团名下。

（2）工作要求。

1）建立以统一社会信用代码（或组织机构代码）为唯一证件类型及号码识别的信息查询基础；

2）可查询某一发电企业所属不同发电类型机组信息；

3）可查询某一发电集团下所属全部发电企业，可按所在省份、发电类型等排序，也可按交易电量多少排序；

4）支持模糊查询，根据某一具体发电企业可以查询其所属发电企业集团，也可查询该发电企业集团下所有发电企业。

（3）关联。根据发电企业注册信息中股权相关内容，判断关联其上级发电企业集团。发电企业与所属集团查询与其他业务项的关联见图 7-8、表 7-5。

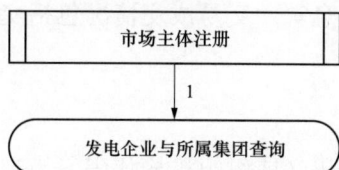

图 7-8　发电企业与所属集团查询业务子项关联图

本业务子项与其他业务类/业务项/业务子项关联关系：市场主体注册为发电企业与所属集团查询业务子项提供发电企业注册相关信息。

　　　　　　　　　　　发电企业与所属集团查询业务子项关联表

序号	关联业务项名称	关联方向	关联触发条件	关联内容
1	市场主体注册	输入	发电企业注册生效	发电企业注册审核结果、注册信息

（4）工作内容。

1）按发电企业注册信息关联其上级所属发电集团，包括所属发电企业总体情况、装机情况概览和电力电量平衡。所属发电集团企业总体情况分别展示当前发电集团所属的发电企业总数、总装机台数和装机总容量。

2）按发电类型和发电集团两个维度作为可选项分别查询，按发电类型统计本集团各种发电类型的装机容量占比、按照机组容量等级统计各个容量级别的装机容量占比、按照所属地市分别统计本集团在该区域内的装机容量、统计本发电集团下装机容量排名前十的发电企业。

7.2.2.2　集团交易信息查询

（1）业务子项描述。通过集团交易信息，发电集团可查询所属发电企业参与的所有交易的总体情况，包交易公告信息和交易成交情况。交易公告信息包括交易公告发布的基本信息、条款信息、申报规则信息、市场准入信息、流程信息、出清规则信息等。交易成交情况包括交易结果成交明细、成交总量、均价等。

（2）工作要求。

1）发电集团在省内查询只能查询该省发电企业信息；

2）发电集团在省间统计下属发电企业应不受省份、区域限制；

3）发电集团交易成交情况包括发电企业交易结果、成交总量、均价等。

（3）工作内容。

1）发电集团查询所属发电企业参与的所有交易的总体情况，包括交易公告信息和交易成交情况。

2）交易公告信息包括交易公告发布的基本信息、条款信息、申报规则信息、市场准入信息、流程信息、出清规则信息等。交易成交情况包括交易结果成交明细、成交总量、均价等。

7.2.3　业务要求

（1）建立以统一社会信用代码（或组织机构代码）为唯一证件类型及号码识别的信息查询基础。

（2）发电集团在省内查询只能查询该省发电企业信息，发电集团在省间统计下属发电企业应不受省份、区域限制。

（3）支持模糊查询，根据某一具体发电企业可以查询其所属发电企业集团，也可查询该发电企业集团下所有发电企业。

7.3　市场主体公开信息查询

7.3.1　业务项描述

交易平台是电力市场交易信息发布的统一对外发布信息的窗口，交易机构负责管理和维护交易平台，管理和收集、整理、汇总、分类发布市场信息。信息查询是支撑各类市场主体通过信息外网查询各类业务信息的基础应用，同时与内网市场出清、市场结算、信息发布等应用衔接，作为其发布市场信息的展示窗口。公开信息是面向所有市场主体发布的信息，需要市场主体登录后查看，公开信息查询包括交易机构统一发布的公开信息和市场主体自主发布的公开信息。

7.3.2　业务子项

7.3.2.1　交易机构统一发布公开信息

（1）业务子项描述。交易机构统一发布公开信息包括市场成员入/退市公示信息和市场成员公开信息。入/退市公示信息向社会公众开放，可查看市场主体的注册、重大信息变更和退市公示信息。市场成员公开信息是面向所有市场主体发布的信息，数据从内网市场合规应用获取，需要市场主体登录后查看。

（2）工作要求。

1）交易机构统一发布公示信息和公开信息分别设计审批流程；

2）市场主体公开信息原则上为市场主体注册提供的基本信息，用于简单查询和联系，其公开程度、内容均可设置调整，与市场主体自主公开信息区别对待；

3）公开信息需市场主体登录交易平台后查看。

（3）业务流程。交易机构统一发布公开信息业务子项流程见图7-9。

（4）关联。交易机构统一发布公开信息与其他业务项关联见图7-10，交易机构统一发布公开信息关联表见表7-6。

表 7-6　　　　　交易机构统一发布公开信息业务子项关联表

序号	关联业务项名称	关联方向	关联触发条件	关联内容
1	档案管理	输入	档案归档	交易机构统一发布信息

本业务子项与其他业务类/业务项/业务子项关联关系：档案管理为交易机构统一发布公开信息业务子项提供基础数据。

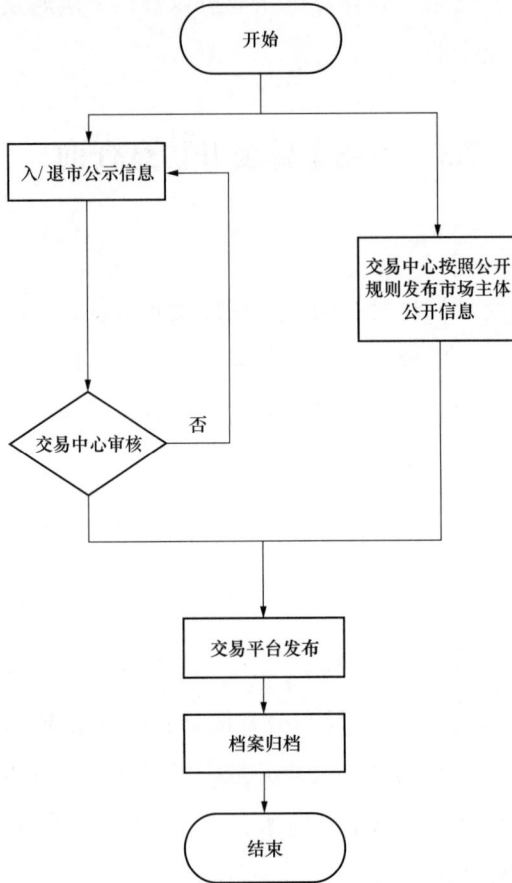

图 7-9　交易机构统一发布公开信息业务子项流程图

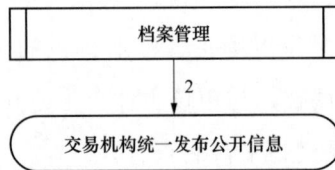

图 7-10　交易机构统一发布公开信息业务子项关联图

（5）工作内容。

1）交易机构按照入/退市公示信息模板，定期向社会公众公开市场成员入/退市公示信息；

2）交易机构讨论商定公开信息内容，按流程审核后向市场主体公开发布，市场主体需登录交易平台后查看。

7.3.2.2 市场主体自主发布信息

（1）业务子项描述。电力交易平台面向发电企业、电力用户、售电公司、电网公司开放使用，不同市场主体类别均可以进行企业级自主信息发布服务，为市场主体提供更加丰富便捷的自主应用。按照公开、私有分类，市场主体可以按市场规定，自定义发布企业年报、季报和企业新闻等公开信息。

（2）工作要求。市场主体按照相关规定确定的公开信息内容和发布要求发布，公开信息需市场主体登录交易平台后查看。

（3）业务流程。市场主体自主发布信息业务子项流程见图 7-11。

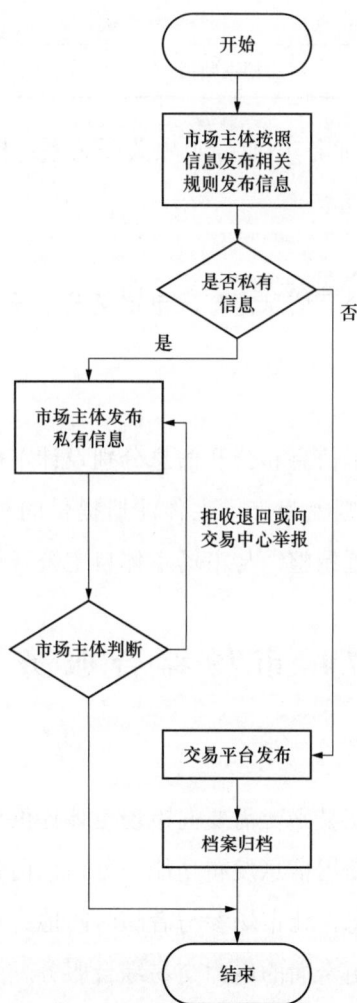

图 7-11　市场主体自主发布信息业务子项流程图

（4）关联。市场主体自主发布信息与其他业务项关联见图 7-12，市场主体自主发布信息关联表见表 7-7。

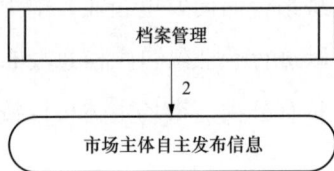

图 7-12　市场主体自主发布信息业务子项关联图

表 7-7　　　　　　　市场主体自主发布信息业务子项关联表

序号	关联业务项名称	关联方向	关联触发条件	关联内容
1	档案管理	输入	档案归档	市场主体自主公开信息

本业务子项与其他业务类/业务项/业务子项关联关系：档案管理为市场主体自主发布信息业务子项提供基础数据。

（5）工作内容。

市场主体按相关规定商定公开信息内容，自定义发布场外信用评价指标、企业年报、季报和企业新闻等公开信息。

7.3.3　业务要求

（1）交易机构统一发布公示信息和公开信息分别设计审批流程；

（2）市场主体公开信息原则上为市场主体注册提供的基本信息，用于简单查询和联系，其公开程度、内容均可设置调整，与市场主体自主公开信息区别对待。

7.4　市场综合服务

7.4.1　业务项描述

为提供更好的用户体验，交易平台需要向市场主体提供更多、更加便捷的自主业务支撑，需要在提供清晰、直观的信用信息发布功能。分角色向各类参评市场主体，展示市场主体信用评价分数及等级等信息，让市场参与者随时随地、及时掌握其信用情况。积极拓展更稳定、更公开、更便捷、更全面的电力交易综合服务。

7.4.2　业务子项

7.4.2.1　即时信息交互

（1）业务子项描述。满足市场主体与平台之间相互交流与互动需求，实现基于信息外网的智能在线客服、在线交流及即时消息提醒，更好地满足各类市场主体在移动端的业务应用需要及服务体验，提升各省交易机构的服务能力。

（2）工作要求。

1）市场成员在符合信息发布规范情况下，可获得相关咨询、信息服务；

2）市场成员与平台之间，市场成员之间实现交流与互动；

3）实现基于信息外网的智能在线客服。

（3）工作内容。

1）消息提醒。根据内网设置的消息提醒类型对系统消息、交易发布、结算确认等重要业务进行消息提醒功能。市场主体在线时，即可以接收和查看到发送的消息提醒，提醒市场主体及时办理各项业务。

2）在线客服。对于在平台使用或规则解读等活动中可能出现的不理解、不会用、不可用等亟须马上解决和期望立即答复的问题，市场主体成员可以通过机器人与人工在线相结合形式的在线客服功能，方便、快捷地响应问题受理服务，以获得及时有效地在线问题解决方案。

7.4.2.2　服务质量管理

（1）业务子项描述。通过对各类市场主体征集问题调查问卷，受理和追踪问题咨询和投诉建议。利用大数据和人工智能等新技术、新方法实现服务质量监测和用户关注业务定位，指导制定后续改进措施，持续提高和完善标准化服务水平。

（2）工作内容。

1）调查问卷。根据各省交易机构需求，市场主体接收指定内容格式的调查问卷，由各市场主体用户进行填写后提交至发布侧，用于帮助省交易机构完成市场信息的调研与收集。

2）问题咨询。对于在使用过程中可能出现的任何非紧急时间等级要求解决的问题，市场主体可通过问题留言板方式进行问题咨询，来获得问题解决的帮助。同时，利用大数据统计手段，可以辅助各省交易机构掌握市场主体普遍关注和常见的热点问题，进行针对性服务。

3）投诉建议。面向发电企业、电力用户、售电公司、电网公司开放使用，各市场主体可以通过投诉建议功能在线提出自己的诉求和建议，帮助省交易机构进行服务改进或业务功能调整。

7.4.2.3　电力交易知识库

（1）业务子项描述。基于多维知识仓库理论，通过对常见问题的收集和整理，实现知识从产生、沉淀、优化、应用、创新全生命周期管理，并且实现知识碎片化管理，逐步构建全新的知识服务模式。

（2）工作内容。

1）常见问题。各市场主体可通过浏览和查询省交易机构定期整理和更新发布的历史常见问题汇总，提高市场主体自助解决问题能力，避免常发性错误。

2）知识搜索。各市场主体可通过知识搜索功能查找知识内容，实现标签化记忆检索存储功能，让知识触手可及。

7.4.2.4 个性化定制服务

（1）业务子项描述。电力市场新政策不断出台，市场信息发布更高频、内容更丰富。由于受地区、地理、交易和结算等规则因素的差异原因，各类市场主体及电力市场相关的各类政府及社会机构组织均有自身的访问关注特点和业务开展范围。需进行更加细化的外网网站定制管理，去繁从简，支撑"专属"业务配置。实现对市场主体用户分类获得与其需求匹配的产品或服务。

（2）工作内容。

1）菜单定制。提供定制化功能的快捷菜单等功能。实现各市场主体在已授权使用的业务功能菜单中，依据业务流程和使用者习惯，配置可以满足业务开展需求的菜单项。初始状态下，应用首页主要展示电力市场相关资讯信息，用户可根据自身需要，将最常用、最关心的业务添加到应用首页，便于访问。

2）我的关注。各市场主体根据实际业务需求，可以将已授权的常用业务功能应用模块，按照使用习惯和关注程度，将最常用、最关心的业务添加到我的关注区域，以满足方便快捷地打开方式和访问需要。

3）网站显示配置。支持市场主体成员根据自己的喜好，选择主题模板中的场景设置，生成当前场景下的页面显示配置，可以对外网页面的主题、颜色、字体、格式、排版内容等进行自定义设置，提供更好的用户体验。

4）新用户引导。通过导航功能、创建新手任务等方式引导用户正确使用平台功能，提高用户通过平台参与电力交易业务的能力。

7.4.2.5 市场主体培训

（1）业务子项描述。实现对组织培训公告的在线报名，提供各类法律法规等政策信息、电力交易服务工作管理办法和流程、电力市场基本知识、国内外电力市场等相关培训内容。接收和获取资料的查看与共享，或通过案例中心进行相关培训课程的在线学习、培训和演练功能。

（2）工作内容。

1）培训公告。省内发电企业、电力用户、售电公司等各类市场主体成员接收和读取由省交易机构发布的培训公告，包含培训日期、培训对象、培训内容、培训地址、课程安排、报名回执要求等信息的培训计划和公告内容。

2）培训资料。市场主体成员可在外网网站根据培训公告内容，自行下载和查看相关的培训资料，预先了解和学习培训课程。

3）案例中心。市场主体成员可根据培训内容下载已发布的授权培训案例，汇集管理各类经典案例、热点案例在内的案例中心。支持进行标签功能，检索相关案例，通过对相关案例的自主学习和场景模拟，达到预计的培训效果。

4）培训报名。市场主体成员收取培训公告获取培训通知及培训对象等相关信息后，需按公告内容在线对所参加的培训人员进行报名的回执反馈过程。

7.4.2.6　用户中心

（1）业务子项描述。用户中心主要用于实现市场主体成员账户安全策略及配置管理功能。

（2）工作内容。

1）密码修改。实现市场主体按照信息安全管理规范和密码安全设定约束规则，修改账户密码。

2）账户安全信息维护。实现市场主体维护账户相关安全信息和安全策略的设定和修改变更。

3）找回密码。实现市场主体的密码保护功能，通过回答账户安全信息预先设定的安全问题，与之唯一匹配；或通过预留的邮箱地址或手机号码，发送邮件或短信获取验证码的身份验证方式，找回密码。此外，为零售用户提供 UKEY 或短信验证的可选方式。

4）数字证书在线办理。数字证书是外网用户信息安全的重要保障，市场主体可通过在线方式申请办理安全认证中心的数字证书。申请信息包括申请单位、联系人、联系电话、申请证书数量、申请信息、证明材料附件等。对于数字证书丢失的情况，也可在线进行补办申请和注销申请。

7.4.3　业务要求

（1）市场成员在符合信息发布规范情况下，可获得相关咨询、信息服务。

（2）市场成员与平台之间，市场成员之间实现交流与互动。

（3）实现基于信息外网的智能在线客服。

8 市场运营分析

为了更好地反映各省市场运营情况，建立动态化（可新建、修改、删除和查询）运营指标管理体系，形成一套可以在两级平台之间共享的运营指标库。通过对运营指标库中的指标进行自由选择，可以形成反映某一方面市场运营情况的基础子模板（如电量分析、价格分析等）。通过对基础子模板的自由选择，生成某省份某一阶段的运营分析报告，反映运营情况，并可以直接向北京电力交易中心进行上报。

8.1 运营指标管理

8.1.1 业务项描述

建立运营指标管理库，为形成运营分析子模板和运营分析报告提供基础指标。指标库指标从市场成员、交易组织和交易结算等模块抽取共享数据，经过一定的既定算法生成。

指标库实行动态化管理，各省电力交易中心可以提出对指标新增或修改的需求，北京电力交易中心对需求进行审核后由开发人员进行指标新增或修改，新增或修改结果对所有省交易中心进行共享。

8.1.2 业务项流程

运营指标管理业务项流程见图 8-1。

8.1.3 业务子项

8.1.3.1 运营指标查询

（1）业务子项描述。交易中心专业人员对共享指标库中现有指标的定义、算法、指标单位、指标数据来源口径和指标统计周期设置等属性进行查询。

（2）工作要求。共享指标库中的所有指标包含要素需在两级交易平台中保持一致，交易中心专业人员只能进行查询。如有新增或修改需求，需报北京电力交易中心统一后方可由开发人员进行配置。

（3）工作内容。提供运营指标查询功能。通过查询功能，可以清晰展示现有指标的定义、算法、指标单位、指标数据来源口径（交易口径或结算口径）和指标统计周期设置（如当月值或年初至今累计值）等属性。

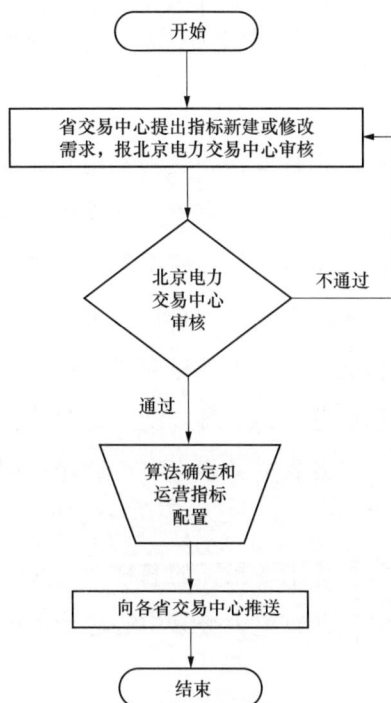

图 8-1　运营指标管理业务项流程图

8.1.3.2　运营指标需求审核

（1）业务子项描述。北京电力交易中心对各省交易中心提出新建指标或更改现有指标需求进行审核，审核通过后由开发人员进行配置并纳入共享指标库中。

（2）工作要求。对新建或更改指标需求的审核内容，主要包含指标名称、指标定义、指标算法、指标单位、指标数据来源口径和指标统计周期等关键属性。其中：

1）指标名称：指标名称应尽可能符合国家和公司有关电力交易名词定义与规范，力求简洁、准确。

2）指标定义：指标定义应力求完整、翔实，避免产生理解歧义。

3）指标算法：指标算法应由平台能够产生的原始数据所构成，便于指标计算结果准确无误。

4）指标单位：与平台统一规定的电量、电价、容量和电费等单位保持一致。

5）指标数据来源口径：该项指标原始数据的来源，分为交易口径和结算口径。

6）指标统计周期：平台建设初期可按月度、季度和年度进行选择，并明确为当月

（季）统计值或累计值。

（3）工作内容。北京电力交易中心对各省交易中心提出新建指标或更改现有指标需求进行审核，审核通过后由开发人员进行配置并纳入共享指标库中。审核不通过时，返回需求提报单位进行修改完善。

8.1.3.3　运营分析指标库

（1）业务子项描述。建立运营指标库，为交易机构专业人员提供选择和使用功能。

（2）工作要求。平台建设初期需满足北京电力交易机构《市场运营分析报告》中列出的指标。随着市场化的不断发展，可以对指标库中的指标进行动态化调整。

（3）工作内容。省电力交易中心根据运营指标分析需求，提出运营指标的新建或修改需求，经北京电力交易中心审核通过后，形成包含"名称、定义、算法、单位、数据来源口径和统计周期"等属性的市场运营指标，统一纳入运营分析指标库中进行管理。运营指标库对所有交易中心进行共享，供各省交易中心自主选择使用。

8.1.4　业务要求

为统一口径和标准，运营指标库中各指标的名称、定义、算法、指标单位、指标数据来源口径和指标统计周期设置必须北京电力交易中心进行审核。审核通过后，方可对各省电力交易平台统一发布。

每一个指标均需包含定义、算法、指标单位、指标数据来源口径和指标统计周期设置等属性，便于平台使用者准确使用指标。

8.2　运营报告模板管理

8.2.1　业务项描述

在运营指标管理库的基础上，通过对指标进行分类勾选，形成各运营分析子模板，并提供基础的图表分析，为最终形成市场运营分析报告提供组成部分。

北京电力交易中心可根据需要自行命名和配置运营报告子模板，勾选的运营指标必须在各省共享的运营指标管理库中，确保北京电力交易中心和各省交易中心对统一运营指标的定义和算法等属性理解相同。

本业务模型说明书根据北京电力交易中心按季度发布的《市场运营分析报告》有关内容，预置了12个推荐子模板，供各省共享参考。

8.2.2　业务项流程

运营报告模板管理业务项流程见图8-2。

```
┌──────────┐
│   开始    │
└──────────┘
     │
     ▼
┌──────────────────┐
│ 业务人员从运营指标库中选取 │
│     相关指标      │
└──────────────────┘
     │
     ▼
┌────────────────────┐
│ 选择分析图表格式（数据列表、折 │
│ 线、环形、柱状和饼状图等） │
└────────────────────┘
     │
     ▼
┌──────────────┐
│  形成基础子模板  │
└──────────────┘
     │
     ▼
┌──────────┐
│   结束    │
└──────────┘
```

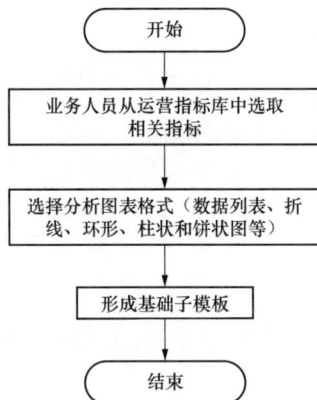

图 8-2　运营报告模板管理业务项流程图

8.2.3　业务子项

8.2.3.1　交易电量分析子模板

（1）业务子项描述。提取省直接交易电量、交易电量占售电量比重以及省内、省间电量增速等市场运营指标数据，形成交易电量分析子模板。

（2）工作要求。

1）交易电量相关指标数据已经在交易运营指标库形成，主要对运营指标勾选选择，结合交易中心要求明确必选项。

2）相关指标选取后，交易电量分析子模板能自动形成分析图表。平台建设初期，按照北京电力交易中心按季度发布的《市场运营分析报告》中图表样式进行配置。

3）图表要求结合分析的需求可修订。

（3）工作内容。根据北京电力交易中心按季度发布的《市场运营分析》报告有关内容，预置本子模板，需满足分析报告中对应部分内容展示功能。

8.2.3.2　交易价格分析子模板

（1）业务子项描述。提取各省省间购电交易平均降价幅度、省内交易平均降价幅度等市场运营指标数据，形成交易价格分析子基础模板。

（2）工作要求。

1）交易价格相关指标数据已经在交易运营指标库形成，主要对运营指标勾选选择，结合交易中心要求明确必选项。

2）相关指标选取后，交易价格分析子模板能自动形成分析图表。

3）图表要求结合分析需求可修订。

（3）工作内容。根据北京电力交易中心按季度发布的《市场运营分析》报告有关内容，预置本子模板，需满足分析报告中对应部分内容展示功能。

8.2.3.3　发售主体分析子模板

（1）业务子项描述。提取各省主要发电主体交易情况、主要售电主体交易情况等市场运营指标数据，形成发售主体分析子基础模板。

（2）工作要求。

1）发售主体相关指标数据已经在交易运营指标库形成，主要对运营指标勾选选择，结合交易中心要求明确必选项。

2）相关指标选取后，发售主体分析子模板能自动形成分析图表。

3）图表要求结合分析需求可修订。

（3）工作内容。根据北京电力交易中心按季度发布的《市场运营分析》报告有关内容，预置本子模板，需满足分析报告中对应部分内容展示功能。

8.2.3.4　注册情况分析子模板

（1）业务子项描述。提取各省发电企业、售电公司、电力用户市场注册等市场运营指标数据，形成注册情况分析子基础模板。

（2）工作要求。

1）发售主体相关指标数据已经在交易运营指标库形成，主要对运营指标勾选选择，结合交易中心要求明确必选项。

2）相关指标选取后，市场注册分析子模板能自动形成分析图表。

3）图表要求结合分析需求可修订。

（3）工作内容。根据北京电力交易中心按季度发布的《市场运营分析》报告有关内容，预置本子模板，需满足分析报告中对应部分内容展示功能。

8.2.3.5　省内发电权交易分析子模板

（1）业务子项描述。提取各省机组发电权交易电量、机组发电权交易电量占省内总交易电量比重、发电权交易节能情况等市场运营指标数据，形成省内发电权交易分析基础子模板。

（2）工作要求。

1）省内发电权交易相关指标数据已经在交易运营指标库形成，主要对运营指标勾选选择，结合交易中心要求明确必选项。

2）相关指标选取后，省内发电权交易子模板能自动形成分析图表。

3）图表要求结合分析需求可修订。

（3）工作内容。根据北京电力交易中心按季度发布的《市场运营分析》报告有关内容，预置本子模板，需满足分析报告中对应部分内容展示功能。

8.2.3.6　省内售电市场交易分析子模板

（1）业务子项描述。提取各省省内活跃售电公司占比情况、省内售电公司代理电量占省内总直接交易电量比重、零售用户情况等市场运营指标数据，形成省内售电市场交易分析基础子模板。

（2）工作要求。

1）省内售电市场交易分析相关指标数据已经在交易运营指标库形成，主要对运营指标勾选选择，结合交易中心要求明确必选项。

2）相关指标选取后，省内售电市场交易分析子模板能自动形成分析图表。

3）图表要求结合分析需求可修订。

（3）工作内容。根据北京电力交易中心按季度发布的《市场运营分析》报告有关内容，预置本子模板，需满足分析报告中对应部分内容展示功能。

8.2.3.7 清洁能源消纳分析子模板

（1）业务子项描述。提取各省清洁能源消纳总量、各类别清洁能源消纳情况等市场运营指标数据，形成省清洁能源消纳分析基础子模板。

（2）工作要求。

1）省内清洁能源消纳分析相关指标数据已经在交易运营指标库形成，主要对运营指标勾选选择，结合交易中心要求明确必选项。

2）相关指标选取后，省内清洁能源消纳分析子模板能自动形成分析图表。

3）图表要求结合分析需求可修订。

（3）工作内容。根据北京电力交易中心按季度发布的《市场运营分析》报告有关内容，预置本子模板，需满足分析报告中对应部分内容展示功能。

8.2.3.8 降低用电成本分析子模板

（1）业务子项描述。提取各省总降低成本、度电降低成本等市场运营指标数据，形成省降低用电成本基础子模板。

（2）工作要求。

1）降低用电成本分析相关指标数据已经在交易运营指标库形成，主要对运营指标勾选选择，结合交易中心要求明确必选项。

2）相关指标选取后，省内降低用电成本子模板能自动形成分析图表。

3）图表要求结合分析需求可修订。

（3）工作内容。根据北京电力交易中心按季度发布的《市场运营分析》报告有关内容，预置本子模板，需满足分析报告中对应部分内容展示功能。

8.2.3.9 HHI 指数分析

（1）业务子项描述。提取各省 HHI 指数分析市场运营指标数据，形成 HHI 指数分析基础子模板。

（2）工作要求。

1）HHI 指数分析指标数据已经在交易运营指标库形成，主要对运营指标勾选选择，结合交易中心要求明确必选项。

2）相关指标选取后，HHI 指数分析子模板能自动形成分析图表。

3）图表要求结合分析需求可修订。

（3）工作内容。根据北京电力交易中心按季度发布的《市场运营分析》报告有关内容，预置本子模板，需满足分析报告中对应部分内容展示功能。

8.2.3.10　京电指数分析子模板

（1）业务子项描述。提取京电指数市场运营指标数据，形成京电指数分析基础子模板。

（2）工作要求。

1）省内电力指数分析指标数据已经在交易运营指标库形成，主要对运营指标勾选选择，结合交易中心要求明确必选项。

2）相关指标选取后，省内电力指数分析子模板能自动形成分析图表。

3）图表要求结合分析需求可修订。

（3）工作内容。根据北京电力交易中心按季度发布的《市场运营分析》报告有关内容，预置本子模板，需满足分析报告中对应部分内容展示功能。

8.2.3.11　电力供需形势分析子模板

（1）业务子项描述。提取各省电力供需形势分析市场运营指标数据，形成电力供需形势分析基础子模板。

（2）工作要求。

1）电力供需形势分析指标数据已经在交易运营指标库形成，主要对运营指标勾选选择，结合交易中心要求明确必选项。

2）相关指标选取后，电力供需形势分析子模板能自动形成分析图表。

3）图表要求结合分析需求可修订。

（3）工作内容。根据北京电力交易中心按季度发布的《市场运营分析》报告有关内容，预置本子模板，需满足分析报告中对应部分内容展示功能。

8.2.3.12　省内规则方案基本要点子模板

（1）业务子项描述。对各省新出台的交易规则方案中主要重点内容进行提炼摘录与汇总，明确规则方案的主要内容。

（2）工作要求。

1）各省省内规则方案基本要点相关指标数据已经在交易运营指标库形成，主要对运营指标勾选选择，结合交易中心要求明确必选项。

2）相关指标选取后，各省省内规则方案基本要点子模板能够展示指标对应内容即可。

（3）工作内容。根据北京电力交易中心按季度发布的《市场运营分析》报告有关内容，预置本子模板，需满足分析报告中对应部分内容展示功能。

8.2.4 业务要求

运营报告子模板为各省电力交易中心根据自身实际需要，从共享指标库现有指标中进行勾选并自由组合后形成，自主命名、灵活配置，为形成运营分析报告提供基础子模板。

本业务模型说明书根据北京电力交易中心按季度发布的《市场运营分析报告》有关内容，预置了 12 个推荐子模板，供各省共享参考。

8.3 运营报告生成

8.3.1 业务项描述

根据不同业务需要，选择需要的运营报告分析子模板，结合各省上报的省内运营分析报告，形成正式的年、季、月度北京电力交易中心市场运营分析总报告。

8.3.2 业务项流程

运营报告生成业务项流程见图 8-3。

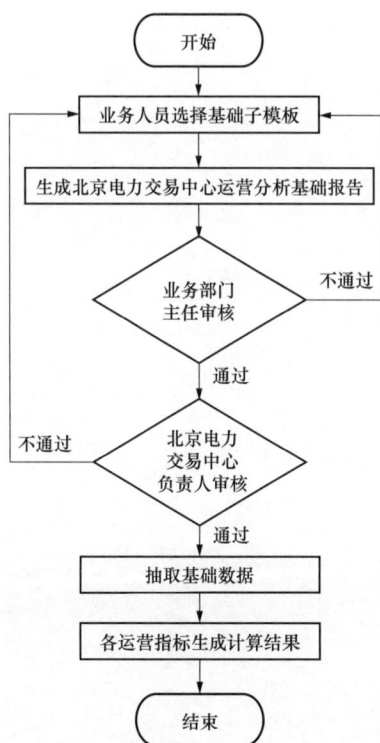

图 8-3　运营报告生成业务项流程图

8.3.3　工作要求

（1）对运营分析的基础报告，提供再编辑完善功能。

（2）对运营报告在编辑完善后，进入审批流程，经过专业部门主任审核、交易中心负责人审批后，生成正式报告。

8.3.4　工作内容

运营报告生成主要包括分项子模板选取、编辑完善和生成三个主要的环节，实现市场运营分析报告的灵活配置和快速生成，直观地反映有关指标及其变化情况。

9 零售市场管理

零售市场管理主要对售电公司代理电力用户参与市场交易的各项业务活动进行综合管理，包括售电公司评价情况查询、售电公司绑定情况查询等内容。

9.1 售电公司评价情况查询

9.1.1 业务项描述

售电公司评价管理查询主要用于北京电力交易中心查询各省零售市场售电公司评价情况。

9.1.2 工作要求

（1）各省交易中心进行电力用户评价售电公司业务后，需要将评价信息同步到省间交易平台。

（2）平台需要保障绑定评价信息在两级平台间一致。

9.1.3 工作内容

北京电力交易中心可以查询某个售电公司历史绑定零售用户对其的评价详情。

9.2 售电公司绑定情况查询

9.2.1 业务项描述

售电公司绑定情况查询主要用于北京电力交易中心查询各省零售市场售电公司绑定情况。

9.2.2 工作要求

（1）各省交易中心进行售电公司绑定用户、售电公司解绑用户、用户变更售电公司业务后，需要将绑定信息同步到省间交易平台。

（2）平台需要保障绑定关系信息在两级平台间一致。

9.2.3 工作内容

（1）各省交易中心进行售电公司绑定用户、售电公司解绑用户、用户变更售电公司业务后，将绑定关系信息同步到省间交易平台。

（2）北京电力交易中心可以查询各省交易中心售电公司、已绑定电力用户数量及明细信息。

（3）北京电力交易中心可以查询某个售电公司当前及历史绑定的电力用户明细信息。

（4）北京电力交易中心可以查询某个电力用户当前及历史绑定的售电公司明细信息。

10 综 合 管 理

10.1 模 板 配 置

10.1.1 业务项描述

根据市场主体不同类型，可灵活配置市场主体的表单模板，如市场主体模板、机组模板等，同时要支持内网和外网系统的灵活配置，可配置市场主体属性是否显示、是否只读、是否必填、属性显示名称等项，不同类型市场主体可配置多个版本的模板，根据业务需要应用不同的模板后自动更新内网或外网的表单展现。

10.1.2 工作要求

（1）不同类型市场主体可建立多个模板，但只能应用其中一个，机组模板根据机组类型配置。

（2）外网表单也要支持模板配置，与内网模板区分开，应用模板后，自动更新此类型市场主体在内网或外网展示的表单。

（3）仅备用状态的模板可删除，同时删除相关配置项。

10.1.3 关联

模板配置与其他业务项关联见图 10-1、表 10-1。

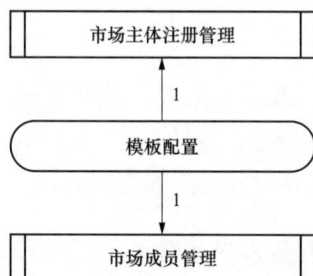

图 10-1 模板配置业务项关联图

模板配置业务项和其他业务项存在如下关联关系：

1）向市场主体注册管理更新表单展示；

2）向市场成员管理更新表单展示。

表 10-1　　　　　　　　　　　　　模板配置业务项关联表

序号	关联业务项名称	关联方向	关联触发条件	关联内容
1	市场成员注册管理	输出	应用新的市场主体模板或应用状态的模板修改后	市场主体表单内容，包括显示的属性、属性名称、必填项、只读项等
2	市场成员管理	输出	应用新的市场主体模板或应用状态的模板修改后	市场主体表单内容，包括显示的属性、属性名称、必填项、只读项等

10.1.4　工作内容

（1）通过新建不同类型市场主体的内网或外网模板，添加新的模板配置，输入模板名称、版本号、模板说明等信息后保存，新建模板为备用状态，通过属性配置来自定义模板的表单展现形式的配置。

（2）不同类型的模板提供默认配置，在没有自定义配置模板时取默认配置。

（3）针对不同类型模板灵活配置，通过配置属性展示名称、属性是否展示、是否只读、是否必填来定义内外网表单展现形式，如果修改应用状态的模板，保存配置后模板自动应用，自动刷新到内网或外网系统表单展示。

（4）可根据业务需要随时应用其他备用状态的模板，应用新的备用模板后，原应用状态模板改为备用，并记录模板的应用情况记录，外网或内网系统自动更新为最新应用的模板配置。

（5）删除模板时需要校验当前模板是否为应用状态，只有非应用状态下的模板才可删除，删除时需要有再次确认操作，避免误删除。

10.2　参　数　配　置

10.2.1　业务项描述

对市场成员管理业务相关的参数进行配置，能够提供参数信息创建、变更、删除等操作，参数信息包括参数名称、参数编码、参数值、参数说明等信息。

10.2.2　工作要求

能够根据不同省交易机构对业务差异参数的灵活配置。

10.2.3　关联

参数配置业务项与其他业务项关联见图 10-2、表 10-2。

参数配置业务项和其他业务项存在如下关联关系：

1）向市场主体注册输出参数；

2）向售电公司变更输出参数；

3）向其他市场成员管理业务输出参数。

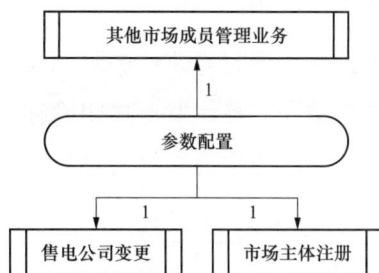

图 10-2　参数配置业务项关联图

表 10-2　　　　　　　　　　**参数配置业务项关联表**

序号	关联业务项名称	关联方向	关联触发条件	关联内容
1	市场主体注册	输出	售电公司注册公示天数参数配置	售电公司注册公示截止日期
2	售电公司变更	输出	售电公司重大信息变更公示天数参数配置	售电公司重大信息变更公示截止日期
3	其他市场成员管理业务	输出	相关参数的配置	根据配置参数业务的差异

10.2.4　工作内容

（1）根据系统通过参数配置对业务差异化支持，系统默认相关参数配置，或根据需要自主配置，随系统参数配置提供相关配置文档。

（2）提供根据参数名称、参数编码从查询功能，可快速定位参数。

（3）新增参数需填写参数名称、参数编码、参数值、参数说明等内容，系统自动识别参数维护人、维护时间信息。

10.3　发电集团信息管理

10.3.1　业务项描述

为解决当前全国发电集团数量较多，发电集团上下层级复杂，各发电企业所属发电集团信息不够明确，需将发电集团维护下放至各省交易机构，方便维护地方发电集团信息，便于对发电企业所属发电集团信息的维护，对根据发电集团维度的统计更加精准。

各省交易机构维护发电集团信息时需经北京交易机构审核通过后统一生效，避免重复性注册，同时可将发电集团信息同步至全国各交易机构，保证了发电集团信息的统一。

10.3.2 工作要求

发电集团信息管理业务项流程见图 10-3。

（1）省交易机构根据需要维护（新增、修改、删除）发电集团信息。

（2）发电集团信息包括：发电集团名称、发电集团简称、发电集团编码、生效时间、失效时间、注册地、注册申请时间、注册申请人等信息。

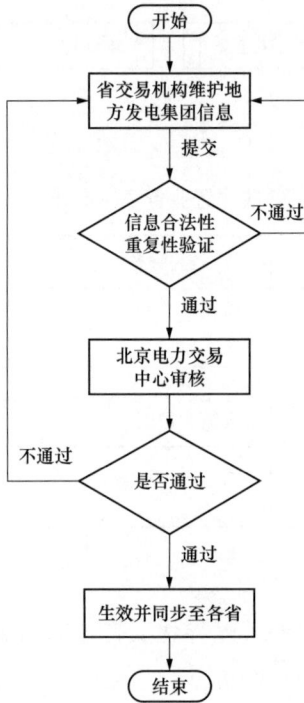

```
                    ┌──────┐
                    │ 开始 │
                    └──────┘
                       │
       ┌───────────────▼────────────────┐
       │  ┌────────────────────┐        │
       │  │ 省交易机构维护地    │        │
       │  │ 方发电集团信息      │        │
       │  └────────────────────┘        │
       │           │ 提交               │
       │           ▼                    │
       │       ╱─────────╲    不通过     │
       │      ╱ 信息合法性 ╲─────────────┘
       │      ╲ 重复性验证 ╱
       │       ╲─────────╱
       │           │ 通过
       │           ▼
       │    ┌────────────┐
       │    │ 北京电力交易 │
       │    │ 中心审核    │
       │    └────────────┘
       │           │
       │           ▼
 不通过 │       ╱────────╲
       └──────╲ 是否通过 ╱
               ╲────────╱
                   │ 通过
                   ▼
            ┌──────────────┐
            │ 生效并同步至各省 │
            └──────────────┘
                   │
                ┌──────┐
                │ 结束 │
                └──────┘
```

图 10-3　发电集团信息管理业务项流程图

（3）维护发电集团信息时系统自动校验重复性，首先确保在发电集团信息中不存在重复情况。

10.3.3 关联

发电集团信息管理业务项关联见图 10-4、表 10-3。

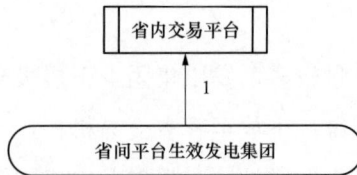

```
        ┌──────────────┐
        │  省内交易平台  │
        └──────────────┘
                ▲
                │ 1
     ╭───────────────────────╮
     │  省间平台生效发电集团    │
     ╰───────────────────────╯
```

图 10-4　发电集团信息管理业务项关联图

发电集团信息管理业务项和其他业务应用系统存在如下关联关系：向省内交易平台同步发电集团信息。

表 10-3 发电集团信息管理业务项关联表

序号	关联业务项名称	关联方向	关联触发条件	关联内容
1	省内交易平台	输出	生效	数据共享

10.3.4 工作内容

（1）提供针对系统当前所有的发电集团信息查询，可根据发电集团名称/简称、上级发电集团等维度的查询，方便查询当前发电集团是否已存在系统中，并且可通过此功能查询发电集团详细信息。

（2）省内交易机构根据需要发起发电集团维护（新增、修改、删除）申请，填写发电集团信息等，提交申请时系统自动校验当前注册的发电集团是否存在，如果不存在则提交至北京交易机构审核生效。

（3）发电集团信息包括：发电集团名称、发电集团简称、发电集团编码、生效时间、失效时间、注册地、注册申请时间、注册申请人，系统自动填写当前注册人、注册时间。

（4）提交发电集团维护信息时系统自动校验重复性，确保在发电集团信息中不存在重复情况，校验通过后发电集团信息发送至北京交易机构审核。

（5）北京交易机构受理各省交易机构发电集团信息维护申请，系统自动校验是否存在重复的发电集团注册申请，如果已经存在则提示，受理人可驳回申请，驳回时需要填写驳回原因，回退至申请发起的省内系统。发电集团信息校验通过审核无误后，将发电集团信息入正式库，并将正式库发电集团信息向全国各省交易机构平台下发同步。

10.4 市场主体档案管理

10.4.1 业务项描述

市场主体档案管理是对市场主体的注册、变更、机组注册、机组注销、市场主体注销等信息进行管理，从经济、物理、组织模型以及业务时间细粒度划分和管理市场主体在交易机构进行注册、交易、结算等各项业务数据。建立市场主体档案，全面、及时、真实地掌握市场主体信息，有助于适应电力交易各类业务口径的管理要求、提升电力交易业务的数据质量。市场主体在注册、变更、注销时会生成大量业务数据、信息，应保持各业务单元底层模型的一致性和数据关联性，保持交易运营系统的基础模型与电力交易业务全过程的时空匹配，在全生命周期日志记录、变更记录管理、档案管理三方面实现市场主体的全生命周期管理。

10.4.2　业务项流程

市场主体档案管理业务项流程见图 10-5。

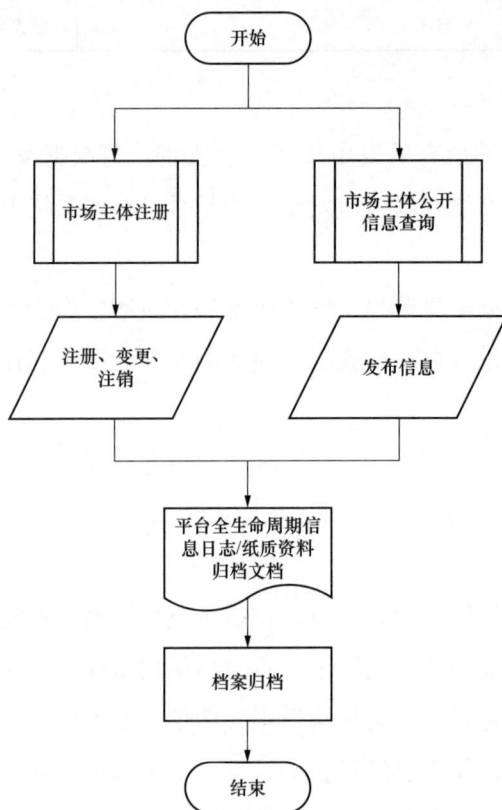

图 10-5　市场主体档案管理业务项流程图

10.4.3　业务子项

10.4.3.1　全生命周期日志记录

（1）业务子项描述。对市场主体在各环节、流程、节点产生的各类数据进行日志记录，包括注册、变更、交易、结算、系统登录、查询等，实现对市场主体全生命周期的日志记录。

（2）工作要求。

1）市场主体在各环节、流程、节点产生的各类数据进行日志记录（如市场注册、资质管理、交易出清、结算经营、合规管理等业务大类产生的日志数据），要求历史数据不覆盖、防篡改、可追溯、多备份；

2）市场主体全生命周期日志记录应在内外网提供统计、查询。

（3）关联。对市场主体在各环节、流程、节点产生的各类数据进行日志记录，包括注册环节、变更环节以及档案归档，见表 10-4。

表 10-4   全生命周期日志记录业务子项关联表

序号	关联业务项名称	关联方向	关联触发条件	关联内容
1	市场主体注册	输入	注册生效	注册审核结果、注册信息
2	变更记录管理	输入	市场主体进行信息变更	变更审核结果、变更信息
3	档案管理	输入	档案归档	变更申请、审核、反馈等流程形成的归档文件

（4）工作内容。

1）针对不同市场主体信息管理要求，合理设计市场主体信息管理层级。例如，发电企业集团、发电企业、物理机组。

2）全生命周期日志记录包括市场主体从注册、变更、退市或注销信息，生成记录后不可覆盖、不可篡改。

3）日志记录内网可方便查询。

10.4.3.2　变更记录管理

（1）业务子项描述。当市场主体注册信息发生变化后，向交易机构提出变更申请。对市场主体变更进行记录管理，可通过业务类型、变更时间、主体名称等多维度统计变更记录个数，查询预览详细变更信息，实现市场主体变更记录管理，通过变更记录管理可了解市场主体注册信息的质量和稳定性。变更业务类型统计，包括：发电企业信息变更、售电公司一般信息变更、售电公司重大信息变更、机组信息变更、业务范围变更。

（2）工作要求。

1）市场主体可自主变更部分非核心信息，经交易机构平台审核后生效。

2）变更流程、信息、过程资料应具备回溯查询功能。

（3）关联。变更记录管理业务子项关联见表 10-5。

表 10-5   变更记录管理业务子项关联表

序号	关联业务项名称	关联方向	关联触发条件	关联内容
1	全生命周期日志记录	输出	变更生效	变更审核结果、变更信息
2	档案管理	输出	变更生效	变更申请、审核、反馈等流程形成的归档文件

（4）工作内容。

1）用户可自主变更的信息包括基本信息、企业信息，附件信息等；

2）需重新公示的重大信息：股东构成、从业人员信息、企业经营范围等；

3）在交易机构内部各专业之间建立审核流转流程，对已签订交易合同的市场成员信息变更应经交易管理人员、结算管理人员审核确认，最终交易机构主管领导审签同意。

10.4.3.3　档案管理

（1）业务子项描述。将市场主体全生命周期日志记录的信息进行收集、整理、分类、保存形成市场主体档案，可通过市场主体类型、业务类型等进行档案检索、档案统计、档案信息预览等，实现市场主体全生命周期的档案管理。

（2）工作要求。

1）分为电子档案和非电子档案，两类档案均应考虑；

2）针对不同类型市场主体档案区别设计归档流程。为方便已归档档案查询，应针对不同类型档案设计查询和统计功能，比如市场注册类、资质管理类、交易出清类、结算经营类、合规管理类等；

3）已归档档案全生命周期管理，不可覆盖、不可篡改；

4）已归档档案应具备内网查询功能。

（3）关联。档案管理业务子项关联见表 10-6。

表 10-6　　　　　　　　　　档案管理业务子项关联表

序号	关联业务项名称	关联方向	关联触发条件	关联内容
1	市场主体注册	输入	注册生效	注册审核结果、注册信息
2	变更记录管理	输入	市场主体信息变更归档	变更审核结果、变更信息
3	市场资质管理	输入	资质变动归档	停复牌结果及相关附件
4	市场出清	输入	出清结束归档	出清结果及相关附件
5	市场结算	输入	结算结果归档	结算管理信息及相关附件、结算单
6	市场合规	输入	合规信息归档	合规处理信息及相关附件

（4）工作内容。

1）市场主体注册信息以及相关附件归档，包括平台外网注册信息、提供的佐证附件，平台内网扩充的市场主体信息；

2）市场主体变更信息以及相关附件归档，对市场成员等变更进行记录管理，可通过业务类型、变更时间、主体名称等多维度统计变更记录个数；

3）系统增加权限限制，对于已归档档案不可覆盖、不可更改；

4）历史档案信息可查询、统计。

10.4.4　业务要求

（1）市场主体在各环节、流程、节点产生的各类数据进行日志记录，要求历史数据不

覆盖、防篡改、可追溯、多备份;

（2）市场主体档案管理应在交易机构内部各专业之间建立审核流转流程;

（3）分为电子档案和非电子档案,两类档案均应考虑,并针对不同类型市场主体档案区别设计归档流程;

（4）已归档档案应具备内网查询功能。

10.5 综合统计展示

10.5.1 业务项描述

综合统计展示包括业务受理情况统计监视、市场主体综合查询、市场信息综合统计展示以及公示情况汇总统计。主要对市场主体注册入市后全生命周期信息查询、统计,是市场成员管理的重要功能,为市场管理者、交易组织者提供不同纬度、不同细度的个性化查询统计服务,以便于更好服务和管理市场主体。

10.5.2 业务子项

10.5.2.1 业务受理情况统计监视

（1）业务子项描述。对市场服务业务受理情况进行统计,可通过业务场景、时间等多维度综合统计受理量。按业务场景统计,包括:注册次数、变更次数、注销次数等;

（2）工作要求。

1）建立以统一社会信用代码（或组织机构代码、身份证）为唯一证件类型及号码识别的信息查询基础;

2）查询功能应支持业务人员根据不同要求进行可选、可编、可调功能,查询结果支持导出功能;

3）系统支持驾驶舱数据展示功能,展示条件、内容根据交易机构专业管理要求可选择可调整。

（3）关联。对市场主体在注册环节、变更等环节产生的业务信息以及档案归档,系统为交易机构业务人员提供多维度查询及重点环节监控功能。关联关系见表10-7。

表 10-7 业务受理情况统计监视业务子项关联表

序号	关联业务项名称	关联方向	关联触发条件	关联内容
1	市场主体注册	输入	注册生效	注册审核结果、注册信息
2	变更记录管理	输入	市场主体进行信息变更	变更审核结果、变更信息

（4）工作内容。

1）按市场主体类型查询统计，售电公司业务受理、发电企业业务受理、其他市场主体业务受理等；

2）按受理业务类型查询统计，注册、变更、注销、停牌等状态作为可选项分别查询；

3）按时间维度统计查询，例如某一时间段内某交易机构受理的售电公司注册数以及明细，并对正在受理中可能超期的记录进行标注提醒。

10.5.2.2　市场信息综合统计展示

（1）业务子项描述。采用可视化技术，统计并展示各类市场主体当前注册数，机组台数，装机容量。

按发电类型、发电集团、机组容量等级、地理区域等维度统计发电企业装机容量。

按电压等级、地理区域等维度统计电力用户注册数、同比等。

可按资产规模、出资背景、地理区域等维度统计售电公司注册数。

（2）工作要求。

1）查询、统计功能应支持业务人员根据不同要求进行可选、可编、可调功能，查询结果支持导出功能；

2）统计结果支持可视化、丰富展示形式，展示条件、内容根据交易机构专业管理要求可选择可调整。

（3）关联。市场信息综合统计展示业务子项关联见表 10-8。

表 10-8　　　　　　　　　市场信息综合统计展示业务子项关联表

序号	关联业务项名称	关联方向	关联触发条件	关联内容
1	全生命周期日志记录	输入	查询统计	市场成员综合信息
2	档案管理	输入	查询统计	市场成员停复牌申请、审核、反馈等流程形成的归档文件

（4）工作内容。

1）按发电类型、发电集团、机组容量等级、地理区域等维度统计发电企业装机容量。

2）按电压等级、地理区域等维度统计电力用户注册数、同比等。

3）按资产规模、出资背景、地理区域等维度统计售电公司注册数。

4）将以上查询统计结果，以图形化展示手段在平台展示。

10.5.2.3　公示情况汇总统计

（1）业务子项描述。对市场主体公示情况进行汇总统计，可通过公示类型、公示时间等多维度统计总公示个数。通过公示数量及清单、未通过公示数量及清单，可查询公示信息详情。

（2）工作要求。

1）建立以统一社会信用代码（或组织机构代码、身份证）为唯一证件类型及号码识别的信息查询基础，防止重复公示。

2）公示分类。

a．按照市场主体类型进行分类。

b．按照公示事项进行分类，包括入退市公示等。

c．查询功能应支持业务人员根据不同要求进行可选、可编、可调功能，查询结果支持导出功能。例如截至某一时间点，某一统计范围内正在审核中的售电公司数量及明细、公示中的售电公司数量及明细、未通过公示的售电公司数量及明细。

（3）关联。公示情况汇总统计业务子项关联见表10-9。

表 10-9 公示情况汇总统计业务子项关联表

序号	关联业务项名称	关联方向	关联触发条件	关联内容
1	档案管理	输入	售电公司查询	售电公司查询信息
2	市场主体注册	输入	市场主体注册公示查询	公示查询信息

（4）工作内容。

1）按照可选条件查询某一类型或某一公示事项的市场主体公示情况，例如某个时间节点正在公示的售电公司数量及明细；

2）未通过公示的市场主体可查询未通过原因，也可统计因同一原因未通过公示的市场主体数量和明细。

10.5.3 业务要求

（1）建立以统一社会信用代码（或组织机构代码、身份证）为唯一证件类型及号码识别的信息查询基础，防止同一个市场主体在多个交易机构重复注册；

（2）查询功能应支持业务人员根据不同要求进行可选、可编、可调功能，查询结果支持导出功能。

11 电网模型管理

电网模型管理对电网模型的基础信息进行信息维护，并对模型关系进行设置，包括断面管理、联络线管理、线路管理、联络线关口管理、控制区域管理以及模型图形化管理等项。

11.1 断面管理

11.1.1 业务项描述

实现对断面基本信息的录入、变更、删除等信息维护，以及断面上联络线的关联关系。断面基本信息包括断面名称、断面类型、断面编码、生效日期、失效日期、上级断面等。

11.1.2 工作内容

（1）交易机构向调度控制中心提出电网模型管理断面管理需求。

（2）调度控制中心按要求提供电网断面信息和数据，经调度与交易平台数据接口推送。

（3）交易平台接收电网断面信息后生成可视化电网断面图形。

11.2 联络线管理

11.2.1 业务项描述

实现对联络线基本信息的录入、变更、删除等信息维护，并可维护联络线所关联关口信息。支持联络线基本属性包括联络线名称、联络线类型、交换电能类型、生效日期、失效日期、上级联络线、电压等级、正向最大传输容量、反向最大传输容量、起点关口、终点关口等。

11.2.2 工作内容

（1）交易机构向调度控制中心提出电网模型管理联络线管理需求。

（2）调度控制中心按要求提供联络线信息和数据，经调度与交易平台数据接口推送。

（3）交易平台接收联络线信息后生成可视化电网联络线图形。

11.3 线 路 管 理

11.3.1 业务项描述

实现对线路基本信息的录入、变更以及线路所包含关口关联关系的维护。线路信息基本属性包括线路名称、线路类型、线路编号、生效日期、失效日期、电压等级、联络线、最大传输容量等。

11.3.2 工作内容

（1）交易机构向调度控制中心提出电网模型管理线路管理需求。

（2）调度控制中心按要求提供线路信息和数据，经调度与交易平台数据接口推送。

（3）交易平台接收线路信息后生成可视化电网线路图形。

11.4 联络线关口管理

11.4.1 业务项描述

实现对关口信息的录入、变更、删除等信息维护。支持关口基本属性包括所属控制区域、关口名称、关口编码、关口类型、生效日期、失效日期等。

11.4.2 工作内容

（1）交易机构向调度控制中心提出电网模型关口管理需求。

（2）调度控制中心按要求提供关口信息和数据，经调度与交易平台数据接口推送。

（3）交易平台接收关口信息后生成可视化电网图形。

11.5 控 制 区 域 管 理

11.5.1 业务项描述

实现对控制区域信息的新增、变更、删除等信息维护。支持控制区域基本属性包括控制区域名称、简称、控制区域编码、生效日期、失效日期、上级控制区域等。

11.5.2 工作内容

（1）交易机构向调度控制中心提出电网控制区域管理需求。

（2）调度控制中心按要求提供控制区域信息和数据，经调度与交易平台数据接口推送。

（3）交易平台接收控制区域信息后生成可视化电网图形。

11.6　模型图形化管理

11.6.1　业务项描述

实现调度控制中心提供的电网模型数据可视化图形处理，生成电网结构拓扑图，相关参数信息可在图形展示。

11.6.2　工作内容

（1）交易机构向调度控制中心提出电网模型管理需求。

（2）调度控制中心按要求提供相关信息和数据，经调度与交易平台数据接口推送。

（3）交易平台接收信息后生成可视化电网图形。

（4）电网模型参数应能够支持 ATC 优化出清计算，包括线路阻抗等信息。

11.6.3　业务要求

（1）调度控制中心按照交易机构电网模型需求，及时准确提供相关数据。

（2）调控系统与交易平台实现数据接口互传，相关电网模型数据线上传输。

（3）交易平台根据调度传输电网模型数据可自动生成电网结构拓扑图。

（4）电网模型动态管理，每次交易前与调度控制中心进行数据更新。

12 附录 数据类

数据类清单见表12-1。

表 12-1

数 据 类 清 单

业务项	数据类	内　　容
零售市场管理 （售电公司评价管理）	售电公司评价信息	评价主体、被评价主体、评价时间、评级、评价描述、评价人等
零售市场管理（绑定关系管理、售电公司绑定用户）	绑定关系信息	售电公司、电力用户、代理协议或合同扫描件（附件）、绑定生效时间、绑定失效时间等
零售市场管理（绑定关系管理、售电公司绑定用户）	审核信息	审核时间、审核人、审批流程、是否通过审核、审核意见等
零售市场管理 （售电公司解绑用户）	解绑申请信息	申请人、申请时间、拟失效时间、证明材料（附件）等
零售市场管理 （用户变更售电公司）	绑定关系变更信息	绑定关系 ID、拟变更售电公司、证明材料（附件）、拟生效时间、变更申请时间、申请人等
分布式发电企业 （个人）注册	企业信息	市场成员名称、所有人身份证号码、注册编码、交易模式、地理区域、状态、入市日期、退市日期、商业性质、购电层级、电量上报单位、开户名称、开户银行、开户账号
	联系信息	联系人姓名、通信地址、邮政编码、手机号码、电子邮件、QQ 号码
	附件信息	所有人身份证复印件、分布式项目支撑文件
	分布式项目	基本信息：机组名称、注册编码、机组类型、机组子类型、机组三级类型、并网日期、调度关系、调度单位、商业性质、退市日期 参数信息：额定容量、容量等级、最大技术出力、最小技术处理、建设项目核准文件文号、电价批复文件文号、现行批复电价、现行电价批复时间、项目核准文件、电价批复文件 权益信息：权益所有者、权益占比、是否控股方
发电集团信息	基本信息	发电集团名称、发电集团简称、发电集团编码、上级发电集团、生效时间、失效时间、注册地、注册申请时间、注册申请人、注册人手机号
	联系信息	法人代表、常用联系人、办公电话、手机号码、传真号码、电子邮箱、通信地址、邮政编码、网址

业务项	数据类	内　　容
模板配置	模板信息	模板名称、模板分类、业务类型、模板版本号、创建人、创建时间、应用状态、应用人、应用时间、所属场景
	配置信息	所属模板、属性编号、属性名称、属性显示名称、是否显示、是否必填、是否只读、属性填写说明
参数配置	基本信息	参数名称、参数编码、参数值、参数说明、应用范围、配置人、配置时间、所属场景
市场成员管理（资质管理、交易规模管理）	履约保函信息	售电公司、担保额度、生效时间、失效时间、履约保函（附件）、担保银行
市场成员管理（资质管理、履约保函管理）	履约保函执行信息	售电公司、履约保函、执行额度、执行原因、证明材料（附件）、生效时间、登记时间、登记人
市场成员管理	电网模型管理	电网断面、联络线、线路、关口、控制区域
	市场资质管理	停牌申请、强制停牌、生效时间、失效时间、复牌申请、资产总额、年度电量规模、履约保函额度、年度余量
	综合统计展示	统一社会信用代码、组织机构代码、身份证号码、受理次数、注册次数、变更次数、注销次数、机组台数，装机容量、发电类型、发电集团、机组容量、地理区域、电压等级、资产规模、股权结构
	发电集团信息查询	统一社会信用代码、组织机构代码、机组台数，装机容量、发电类型、发电集团、机组容量、地理区域、电压等级、股权结构
	市场主体公开信息查询	入/退市公示信息、市场成员公开信息、公众信息、公开信息、私有信息
	市场综合服务	即时信息、调查问卷、投诉建议、电力交易知识库、培训公告、培训资料、案例中心、培训报名、数字证书申请信息
发电企业注册	企业信息	企业全称、调度简称、曾用名、注册编码、地理区域、所属电网企业、状态、入市日期、退市日期、商业性质、成立日期、企业注册地址、最大库存电煤满发天数
	基本信息	法人名称、法定代表人姓名、统一社会信用代码、注册资本、营业期限、许可证是否豁免、电力业务许可证编号、许可证生效日期、许可证失效日期、电力业务许可证、购电层级、购电类型、购电结算单位、组织机构代码、税务登记证号、企业法人工商营业执照
	联系信息	联系人姓名、联系人职务、办公电话、手机号码、传真、电子邮件、网址、通信地址、邮政编码
	附件信息	工商营业执照、并网调度协议、购售电合同、其他附件
水电机组注册	基本信息	机组名称、注册编码、隶属市场成员、调度层级、调度单位、状态、机组子类型 发电机型号、计划投产日期、首次并网时间、试运结束时间、停运时间、退市时间、地理区域、调节方式、所属河流流域、水头分类、商业性质

续表

业务项	数据类	内　　容
水电机组注册	参数信息	额定容量（兆瓦）、容量等级、接入电压等级（千伏）、额定功率因数、最小技术出力（兆瓦）、最大技术出力（兆瓦）、死水位、最高水位、抽水工况额定容量（兆瓦）、抽发转换率（%）、水电站库容（千米）、抽水转发电一次成功率（%）、单机额定抽水工况可持续时间（小时）、单机额定发电工况可持续时间（小时）、抽水蓄能机组年租赁费、租赁费分摊电网公司占比（%）、租赁费分摊发电企业占比（%）、租赁费分摊社会用户占比（%）、是否特许权招标项目、平均加出力速度（兆瓦/分）、平均减出力速度（兆瓦/分）、启到停的最小时间间隔（小时）、停到启的最小时间间隔（小时）、最小有功出力、最大进相无功出力（额定有功出力条件下）、最大进相无功出力（最小有功出力条件下）、有无一次调频装置、有无 AGC 调整装置、一次调频动作死区、一次调频转速不等率、是否分布式
	权益信息	权益所有者、权益占比、是否控股方
	附件信息	建设核准文件、电价批复文件
火电机组注册	基本信息	机组名称、注册编码、隶属市场成员、机组子类型、机组三级类型、商业性质、发电机型号、调度层级、调度单位、状态、计划投产日期、首次并网时间、试运结束时间、停运时间、退市时间、地理区域
	参数信息	额定容量（兆瓦）、容量等级、接入电压等级（千伏）、额定功率因数、最小技术出力（兆瓦）、最大技术出力（兆瓦）、锅炉压力水平、是否资源综合利用、资源综合利用认定时间、是否分布式、是否联合循环、供电标煤耗、发电标煤耗、是否脱硫、是否脱硝、是否除尘、是否超低排放、脱硫认定日期、脱硝认定日期、除尘认定日期、超低排放认定日期、脱硫效率、脱硝效率、除尘效率、是否风冷、是否供热、供热类型、最大供热流量、平均供热流量、平均加出力速度（兆瓦/分）、平均减出力速度（兆瓦/分）、冷态启动并网时间（小时）、热态启动并网时间（小时）、温态启动并网时间（小时）、启到停的最小时间间隔（小时）、停到启的最小时间间隔（小时）、夏季最大有功出力、冬季最大有功出力、最小有功出力、最大进相无功出力（额定有功出力条件下）、最大进相无功出力（最小有功出力条件下）、有无一次调频装置、有无 AGC 调整装置、一次调频动作死区、一次调频转速不等率、典型开机曲线、停机曲线、日内最大启停机次数等
	权益信息	权益所有者、权益占比、是否控股方
	附件信息	脱硫证明材、脱硝证明材料、除尘证明材料、超低排放证明材料、环保设施验收证明、环保设施运行情况、额定容量证明文件、电价批复文件、建设核准文件
核电机组注册	基本信息	机组名称、注册编码、隶属市场成员、机组子类型、发电机型号、调度层级、调度单位、状态、计划投产日期、首次并网时间、试运结束时间、停运时间、退市时间、地理区域、核电站类型、核电站技术级别、商业性质
	参数信息	额定容量（兆瓦）、容量等级、接入电压等级（千伏）、额定功率因数、最小技术出力（兆瓦）、最大技术出力（兆瓦）、锅炉压力水平、是否特许权招标项目、换料周期（月）、设计使用年限
	权益信息	权益所有者、权益占比、是否控股方
	附件信息	建设核准文件、电价批复文件、额定容量证明文件

业务项	数据类	内　　容
风电机组注册	基本信息	机组名称、注册编码、隶属市场成员、机组子类型、发电机型号、调度层级、调度单位、状态、计划投产日期、首次并网时间、试运结束时间、停运时间、退市时间、地理区域、商业性质
	参数信息	额定容量（兆瓦）、容量等级、接入电压等级（千伏）、额定功率因数、最小技术出力（兆瓦）、最大技术出力（兆瓦）、是否特许招标、是否分布式、额定风速、切入风速、切除风速、叶轮直径、组合机组台数、单机容量（兆瓦）
	权益信息	权益所有者、权益占比、是否控股方
	附件信息	建设核准文件、电价批复文件、额定容量证明文件
太阳能发电机组注册	基本信息	机组名称、注册编码、隶属市场成员、机组子类型、发电机型号、调度层级、调度单位、状态、计划投产日期、首次并网时间、试运结束时间、停运时间、退市时间、地理区域、商业性质
	参数信息	额定容量（兆瓦）、容量等级、接入电压等级（千伏）、额定功率因数、最小技术出力（兆瓦）、最大技术出力（兆瓦）、是否特许招标机组、是否分布式、单机容量（兆瓦）
	权益信息	权益所有者、权益占比、是否控股方
	附件信息	建设核准文件、电价批复文件、额定容量证明文件
储能机组注册	基本信息	机组名称、注册编码、隶属市场成员、机组子类型、调度层级、调度单位、状态、计划投产日期、首次并网时间、试运结束时间、停运时间、退市时间、地理区域、商业性质
	参数信息	额定容量（兆瓦）、容量等级、接入电压等级（千伏）、额定功率因数、最小技术出力（兆瓦）、最大技术出力（兆瓦）、充电容量等
	权益信息	权益所有者、权益占比、是否控股方
	附件信息	建设核准文件、电价批复文件、额定容量证明文件
电网企业注册	企业信息	企业全称、企业简称、曾用名、注册编码、地理区域、状态、入市日期、退市日期、上级电网企业
	基本信息	法人名称、法定代表人姓名、统一社会信用代码、企业注册地址、注册资本、营业期限、电力业务许可证编号、许可证生效日期、许可证失效日期、企业法人工商营业执照、组织机构代码、税务登记证号、开户银行、开户名称、开户账户
	联系信息	联系人姓名、联系人职务、办公电话、手机号码、传真、电子邮件、网址、通信地址、邮政编码
	附件信息	工商营业执照、电力业务许可证、500千伏及以上电网接线图
市场运营分析	运营指标管理	指标名称、指标定义、指标算法、指标单位、指标数据来源口径、指标统计周期
	运营报告模板管理	运营分析报告子模板名称、包含指标名称、指标统计周期

业务项	数据类	内　　容
市场运营分析	运营报告生成	运营报告名称、省份、编写人、审核人、上报时间、指标统计周期、报告文本（附件）
电力用户准入	电力用户准入信息	企业名称、营销户号、电压等级、行业类别、是否负面（生效时间、失效时间）
电力用户注册	企业信息	企业全称、企业简称、注册编码、状态、地理区域、市场成员类型、所属电网、入市日期、退市日期
	基本信息	统一社会信用代码、税务登记证号、法人名称、企业注册地址、营业期限、法定代表人姓名、组织机构代码、开户银行、开户名称、开户账户、注册资本、证件类别、证件号码
	联系信息	联系人姓名、联系人职务、办公电话、手机号码、传真、电子邮件、网址、通信地址、邮政编码
	附件信息	电力用户准入目录文件、企业法人工商营业执照、组织机构代码、税务登记证、其他附件
	用户计量点信息	营销用户号、用户名称、地址、单元名称、用电地址、用电类别、计量点 ID、计量点名称、高耗能行业类别、目录电价、电价行业类别、用电电压等级、生效日期、失效日期
电力用户（个人）注册	企业信息	市场成员名称、所有人身份证号码、注册编码、交易模式、地理区域、状态、入市日期、退市日期、商业性质、购电层级、电量上报单位
	基本信息	开户名称、开户银行、开户账号
	联系信息	联系人姓名、通信地址、邮政编码、手机号码、电子邮件、QQ 号码
	附件信息	所有人身份证复印件
	用户计量点信息	营销用户号、用户名称、地址、单元名称、用电地址、用电类别、计量点 ID、计量点名称、高耗能行业类别、目录电价、电价行业类别、用电电压等级、生效日期、失效日期
电力用户计量点信息变更	变更信息	营销用户号、单元名称、用电地址、用电类别、计量点 ID、计量点名称、高耗能行业类别、变压器容量、目录电价、电价行业类别、定价策略类型、台区、上级台区、用电电压等级、变更生效日期
电力用户分户	基本信息	企业全称、企业简称、注册编码、状态、地理区域、市场成员类型、所属电网、入市日期、退市日期
	商务信息	统一社会信用代码、税务登记证号、法人名称、企业注册地址、营业期限、法定代表人姓名、组织机构代码、开户银行、开户名称、开户账户、注册资本、证件类别，证件号码
	联系信息	联系人姓名、联系人职务、办公电话、手机号码、传真、电子邮件、网址、通信地址、邮政编码
	附件信息	电力用户准入目录文件、企业法人工商营业执照、组织机构代码、税务登记证、其他附件
	计量点参数信息	营销用户号、单元名称、用电地址、用电类别、计量点 ID、计量点名称、高耗能行业类别、变压器容量、目录电价、电价行业类别、定价策略类型、用电电压等级、生效日期、失效日期

续表

业务项	数据类	内　　容
电力用户并户	基本信息	企业全称、企业简称、注册编码、状态、地理区域、市场成员类型、所属电网、入市日期、退市日期
	商务信息	统一社会信用代码、税务登记证号、法人名称、企业注册地址、营业期限、法定代表人姓名、组织机构代码、开户银行、开户名称、开户账户、注册资本、证件类别、证件号码
	联系信息	联系人姓名、联系人职务、办公电话、手机号码、传真、电子邮件、网址、通信地址、邮政编码
	附件信息	电力用户准入目录文件、企业法人工商营业执照、组织机构代码、税务登记证、其他附件
	计量点参数信息	营销用户号、单元名称、用电地址、用电类别、计量点ID、计量点名称、高耗能行业类别、变压器容量、目录电价、电价行业类别、定价策略类型、用电电压等级、生效日期、失效日期
电力用户类型转换	基本信息	市场成员类型
	计量点参数信息	营销用户号、单元名称、用电地址、用电类别、计量点ID、计量点名称、高耗能行业类别、变压器容量、目录电价、电价行业类别、定价策略类型、用电电压等级、生效日期、失效日期
电力用户注销	基本信息	企业全称、企业简称、注册编码、状态、地理区域、市场成员类型、所属电网、入市日期、退市日期
	商务信息	统一社会信用代码、税务登记证号、法人名称、企业注册地址、营业期限、法定代表人姓名、组织机构代码、开户银行、开户名称、开户账户、注册资本、证件类别、证件号码
	联系信息	联系人姓名、联系人职务、办公电话、手机号码、传真、电子邮件、网址、通信地址、邮政编码
	附件信息	电力用户准入目录文件、企业法人工商营业执照、组织机构代码、税务登记证、其他附件
	计量点参数信息	营销用户号、单元名称、用电地址、用电类别、计量点ID、计量点名称、高耗能行业类别、变压器容量、目录电价、电价行业类别、定价策略类型、用电电压等级、生效日期、失效日期
售电公司注册	基本信息	企业全称、企业简称、注册编码、状态、地理区域、属地、售电公司售电类型（）、售电公司配网类型（）、业务范围、所属行业、企业性质、营业期限、法定代表人证件号、企业经营范围、统一社会信用代码、成立日期、营业期限、法人名称、企业注册地址
		股东、持股比例
		姓名、性别、年龄、职务、专业技术、职称等级、学历、从事职业、从业年限、身份证号、职称证书编号、备注
	企业信息	法人名称、法定代表人姓名、统一社会信用代码、注册资本、营业期限、电力业务许可证编号、许可证生效日期、许可证失效日期、电力业务许可证、开户银行、开户名称、开户账户、企业法人工商营业执照

业务项	数据类	内　　容
售电公司注册	联系信息	联系人姓名、联系人职务、办公电话、手机号码、传真、电子邮件、网址、通信地址、邮政编码
	附件信息	信用承诺书、工商营业执照、资产总额证明、场所信息、银行开户许可证、企业法人代表身份证扫描件、信用中国公示材料、公司章程、电力业务许可证、其他、电力市场技术支持系统证明文件
		公示职称证书、劳动合同（社保证明）
售电公司变更	基本信息	企业全称、企业简称、注册编码、状态、地理区域、属地、售电公司售电类型、售电公司配网类型、业务范围、所属行业、企业性质、营业期限、法定代表人证件号、企业经营范围、统一社会信用代码、成立日期、营业期限、法人名称、企业注册地址
		股东、持股比例
		姓名、性别、年龄、职务、专业技术、职称等级、学历、从事职业、从业年限、身份证号、职称证书编号、备注
		电压等级（千伏）、变电站数量（座）、主变压器数量（台）、主变压器容量（兆伏安）、自有输电线路（千米）、备注
	企业信息	法人名称、法定代表人姓名、统一社会信用代码、注册资本、营业期限、许可证是否豁免、电力业务许可证编号、许可证生效日期、许可证失效日期、电力业务许可证、购电层级、购电类型、购电结算单位、组织机构代码、税务登记证号、开户银行、开户名称、开户账户、企业法人工商营业执照
	联系信息	联系人姓名、联系人职务、办公电话、手机号码、传真、电子邮件、网址、通信地址、邮政编码
	附件信息	信用承诺书、工商营业执照、资产总额证明、场所信息、银行开户许可证、企业法人代表身份证扫描件、信用中国公示材料、公司章程、电力业务许可证、其他、电力市场技术支持系统证明文件
		公示职称证书、劳动合同（社保证明）
售电公司注销	基本信息	企业全称、企业简称、注册编码、状态、地理区域、属地、售电公司售电类型、售电公司配网类型、业务范围、所属行业、企业性质、营业期限、法定代表人证件号、企业经营范围、统一社会信用代码、成立日期、营业期限、法人名称、企业注册地址
		股东、持股比例
		姓名、性别、年龄、职务、专业技术、职称等级、学历、从事职业、从业年限、身份证号、职称证书编号、备注
		电压等级（千伏）、变电站数量（座）、主变压器数量（台）、主变压器容量（兆伏安）、自有输电线路（千米）、备注

业务项	数据类	内　　容
售电公司注销	企业信息	法人名称、法定代表人姓名、统一社会信用代码、注册资本、营业期限、许可证是否豁免、电力业务许可证编号、许可证生效日期、许可证失效日期、电力业务许可证、购电层级、购电类型、购电结算单位、组织机构代码、税务登记证号、开户银行、开户名称、开户账户、企业法人工商营业执照
	联系信息	联系人姓名、联系人职务、办公电话、手机号码、传真、电子邮件、网址、通信地址、邮政编码
	附件信息	信用承诺书、工商营业执照、资产总额证明、场所信息、银行开户许可证、企业法人代表身份证扫描件、信用中国公示材料、公司章程、电力业务许可证、其他、电力市场技术支持系统证明文件
		公示职称证书、劳动合同（社保证明）
市场主体自主发布信息	场外信用指标信息	资产总额、资产负债率、营业收入、净利润、净资产收益率、净利润增长率、企业法人信用记录、社会信用记录、金融信用记录、企业纳税记录等
电网模型管理	断面信息	断面名称、断面类型、断面编码、生效日期、失效日期、上级断面等
	联络线信息	联络线名称、联络线类型、交换电能类型、生效日期、失效日期、上级联络线、电压等级、正向最大传输容量、反向最大传输容量、起点关口、终点关口等
	线路信息	线路名称、线路类型、线路编号、生效日期、失效日期、电压等级、联络线、最大传输容量等
	联络线关口信息	所属控制区域、关口名称、关口编码、关口类型、生效日期、失效日期等
	控制区域信息	控制区域名称、简称、控制区域编码、生效日期、失效日期、上级控制区域等

参 考 文 献

[1] 张显，史连军．中国电力市场未来研究方向及关键技术［J］．电力系统自动化，2020（16）：1-11.

[2] 史连军，周琳．中国促进清洁能源消纳的市场机制设计思路［J］．电力系统自动化，2017，24（v.41；No.622）：89-95.

[3] 刘永辉，张显，谢开，等．能源互联网背景下的新一代电力交易平台设计探讨［J］．电力系统自动化，2021，45（7）：12.

[4] 刘永辉，张显，孙鸿雁，等．能源互联网背景下电力市场大数据应用探讨［J］．电力系统自动化，45（11）：10.

[5] 许子智，曾鸣．美国电力市场发展分析及对我国电力市场建设的启示［J］．电网技术，2011（06）：161-166.

[6] 李道强，韩放．美国电力市场中的金融交易模式［J］．电网技术，2008（10）：16-21.

[7] 马子明，钟海旺，李竹，等．美国电力市场信息披露体系及其对中国的启示［J］．电力系统自动化，2017（24）：49-57.

[8] 白玫，何爱民．美国电力市场监管体系与监控机制［J］．2021（2017-4）：15-19.

[9] 杰里米 D·兰伯特，兰伯特，Lambert，等．美国 PJM 电力市场［M］．北京：中国水利水电出版社，2007.

[10] 丁一，谢开，庞博，等．中国特色，全国统一的电力市场关键问题研究（1）：国外市场启示，比对与建议［J］．电网技术，2020，44（7）：10.

[11] 葛炬，张粒子．美国得州 ERCOT 电力市场及其对我国电力改革的启示［J］．中国电力，2004，37（12）：17-21.

[12] 李陟峰，施航，刘荣．美国电力监管体系建设对我国电力市场管委会建设的启示［J］．2021（2018-4）：22-29.

[13] 李陟峰，施航，刘荣．美国电力监管体系建设对我国电力市场管委会建设的启示［J］．华北电力大学学报：社会科学版，2018（4）：8.

[14] 国网能源研究院．国外电力市场化改革分析报告［M］．北京：中国电力出版社，2012.

[15] 尚金成，黄永皓，夏清．电力市场理论研究与应用［M］．北京：中国电力出版社，2002.

[16] 萨莉．亨特．电力市场竞争［M］．北京：中信出版社，2004.

[17] 王锡凡．电力市场对电力系统运行可靠性的影响［M］．北京：清华大学出版社，2010.

[18] 甘德强，杨莉，冯冬涵．电力经济与电力市场［M］．北京：机械工业出版社，2010.

[19] 周浩，文福拴，张富强. 电力市场风险管理：建模分析与预防策略 [M]. 杭州：浙江大学出版社，2006.

[20] 赵会茹，李春杰，李泓泽. 电力市场环境下的电力普遍服务 [M]. 北京：中国电力出版社，2009.

[21] STEVENSTOFT 著，宋永华，刘俊勇，等译. 电力系统经济：电力市场设计 [M]. 北京：中国电力出版社，2006.

[22] 国家电力监管委员会市场监管部. 电力市场标准化设计和评价体系 [M]. 北京：中国电力出版社，2010.

[23] DerekW. Bunn，邦恩. 竞争性电力市场模拟定价机制 [M]. 北京：中国电力出版社，2008.